松溉古镇景区正门入口处

松溉的观江长廊

滚滚长江东逝水，浪花淘尽英雄。是非成败转头空。青山依旧在，几度夕阳红。

——明·杨慎《临江仙·滚滚长江东逝水》

在历史的长河里，江水不息、青山常在，而那些创造历史的英雄人物却无一不是转瞬即逝。

20世纪刚走过的百年，这个百年无论是对世界还是对中国而言都是极不平静的百年。战争、动荡、转型、危机、发展、全球化、现代化等关键词构成了20世纪的社会生态。因缘际会，我在21世纪20年代与一个渝西（川东）的水码头小镇——松溉古镇结缘。世界之大，难以窥全豹，截取一“斑”，以透视一个长江中上游沿岸小镇的百年兴衰。

本书为2021年重庆市教育委员会人文社会科学研究基地重点项目（21SKJD088）阶段成果；重庆市人文社科重点研究基地重庆市非物质文化遗产研究中心资助成果

一个长江古镇的百年变迁

谭斯颖　著

華文出版社
SINO-CULTURE PRESS

图书在版编目（CIP）数据

一个长江古镇的百年变迁 / 谭斯颖著 . — 北京：华文出版社，2023.12

ISBN 978-7-5075-5869-2

Ⅰ . ①一… Ⅱ . ①谭… Ⅲ . ①乡镇—文化史—重庆 Ⅳ . ① K297.195

中国国家版本馆 CIP 数据核字（2023）第 203587 号

书　　名： 一个长江古镇的百年变迁
标准书号： ISBN 978-7-5075-5869-2
著　　者： 谭斯颖
责任编辑： 雷　平
出版发行： 华文出版社
地　　址： 北京市西城区广外大街 305 号 8 区 2 号楼
邮政编码： 100055
网　　址： http://www.hwcbs.cn
电　　话： 总 编 室 010-58336239　发行部 010-58336270
责任编辑 010-58336277
经　　销： 新华书店
印　　刷： 三河市龙大印装有限公司
开　　本： 710mm × 1000mm　1/16
印　　张： 12.75
字　　数： 177 千字
版　　次： 2024 年 5 月第 1 版
印　　次： 2024 年 5 月第 1 次印刷
定　　价： 68.00 元

目录

引言

从古到今，知识是用脚步探索出来的。10 万年前古代智人从东非大草原出发跨过红海，经过几万年的迁徙，足迹遍布除了南极洲外的六大洲，在不同自然地理环境下创造出多样的文化。随着语言符号系统的进化，不同地域的先人们创造出了各具特色的族群文化和地区文化。每个人、每个地方对于他人而言都是待探索的“他者”。

对于他者，如何深入腹地去看到景观表象之外的真实之景，是一个可遇不可求的事情。特别是在大众旅游市场主导的时下，景观多被包装，普通游客是很难接触到戈夫曼所说的“后台”，而后台才是这个地方本有的日常生活。唯有进入后台，你才能触摸到这个地方的文化，才能看清楚卸下面具后的“它”的真实面目，才能理解它现在时态的生活景观及生活逻辑。但能否进入后台在很大程度上取决于你的运气。在 2022 年 5 月的重庆古镇之旅中，一座位于长江中上游、重庆西部的江边小镇给了我一次深入其后台的机会。

这座古镇离我所在的城市仅 60 千米的距离，但我对这个常出现在电梯视频旅游广告中的古镇的了解仅限于知道它名“松溉”，是渝西城市永川的唯一出水口。我第一次与它邂逅是在 2017 年的冬天，因工作之需每年至少去一次，但每次只停留一两个小时，看到的景观大同小异。几年下来，我对它的印象仍停留在长江边上一个平平无奇的旅游型小镇层面。“去了不等于看得见”，走马观花至多只能得到浅层次的印象观感，留不下可书写的印象。2022 年 5 月的这次再访，我终于“看见了”，是因为用了心。这次进入古镇不再是漫无目的地走马观花，而是带着一个探索主题进去的。出乎意料的是，田野过程犹如一把打开了解这座古镇的密钥，我有一种揭谜般的兴奋感。

为我打开松滋“后门”的第一人是茶馆方大文。那天，正逢“五一”，天气不好，游客不多，这对于田野工作者反倒是好事，因为更容易搭讪，街道两边店铺的经营者更有时间，也更有耐心来接受你的采访。我和学生漫步在临江街，如寻找猎物一般找寻合适的访谈者。我们看见了位于临江街中段的“传统古法榨油体验坊”，便走了进去，看馆的工作人员正好是打扮成榨油工的方大文。话题本是围绕古法榨油这门技艺及作为技艺传承人来探讨，在被告知油槽坊及榨油工在松溉古镇已经是过去时的事实后，我突然意识到传统手工技艺即便是在乡镇这一最基层的下沉市场也近乎是“博物馆的陈列物”了。撇开了“老手艺人”这个限定词后，“他是谁?”“他都经历了什么?”成了我对这个古镇探索的新主题。换了探索主题后，我的信息人范围更广了，几乎每个和我们擦肩而过的老人都可能成为我们的“猎物”，因此获得的信息也更加丰富。让我惊喜的是，当我坦诚告知就想听听他们的个人故事后，此地老人多不设防，有的甚至主动给我提供线索。老人们的态度在一定程度上反映出这个地方的开放和自由度，这或是水码头的环境孕育出来的民情、民性。

“他/她”的故事累积了一些后，这个小镇的 20 世纪生活图景的轮廓逐渐清晰了起来。那些街道曾经的模样、那些小巷里弄曾经的大户人家、那些曾经叱咤风云的人物，这些在纸面文献里看不到的很多历史和故事仍然藏在老人们的记忆里，尽管有的业已模糊。这次宝贵的田野经历使我意识到，20 世纪古镇兴衰的社会记忆持有者和口述者们已步入耄耋之年，这些信息若无人记录保存，那么这些能唤起家园感和身份认同的社会记忆信息就不可避免地要被带进土里。作为一个有幸的聆听者，我应该把这些信息记录下来，为古镇留下一段20世纪的生活史记忆，这是我创作此书的一个动机。

本书主要通过《松溉镇志》的历史文献及一群“40后”“50后”老人的口述史，还原及建构过去百年古镇的生活图景，探讨时代变迁下的人、事、物的变化，为小镇20世纪生活史留一段文字，也使读者能更深刻理解川渝地区小镇的生活景观文化及其演变逻辑。

本书分为六章，第一章探讨古镇变迁过程的长时段影响因素——自然地理环境，中、短时段影响因素——历史沿革及20世纪的政治、经济、社会重大历史事件；第二章探讨古镇人文空间景观，包括街巷、宗教、教育、休闲空间的变迁情况；第三章还原古镇几大家族在20世纪的历史境遇；第四章通过口述史揭示“40后”“50后”们在中华人民共和国成立后的历史境遇，通过他们的个人经历透视中华人民共和国成立以来不同时期的社会环境对个人命运的影响；第五章探讨手工行业的变迁，并探讨商品化、现代化背景下的老手艺人的生存现状；第六章展示20世纪社会变迁过程中一道不间断的风景——赶场，通过对当下场集的观察及赶场老人们的口述历史揭示川渝地区乡镇的经济交流空间状貌及农民的生存之道。

第一章　变迁的环境与时代因素

这一部分主要交代松溉的地理环境因素、行政区划的历史沿革，以及过去百年影响历史进程的重大历史事件。这样书写主要受布罗代尔的新史学理论启发。以布罗代尔为首的新史学认为时间有三个层次：地理时间、社会时间和个体时间，其分别对应的历史时段是“长时段”“中时段”“短时段”。唯有把研究对象置于长时段的时空才能更深入地理解其现在时段状貌的演变逻辑。

作为一个外面时空的“他者”，在任何一个“他境”看到的只能是现在时段的场景。关注现实是社会学的视角，而探讨此景背后的因则是史学的视角。若按佛家的“因果”理论，此景乃前因的果业，也即理解现在时段的场景不得不从过去时段的时空中去洞见。

一　松溉的地理环境[①]

地理环境要素是历史结构中最稳定及最恒久的要素。这是理解20世纪初松溉为何能一跃成为川东重要场镇及成为抗日战争时期保存文化、经济薪火的避风港的原因之一。

松溉的名字取自它境内的一座山和一条江。此“山”为松子山，此“江”名溉水。本名松子溉，简称松溉。

地理空间上，它是长江中上游段的一个江边小镇。位于渝西中心城市永川的南端，历史上是永川地区唯一的出水口。距永川城区40千米，顺江而下到重庆143千米，逆江而上到四川宜宾229千米。与江津石蟆镇隔江相望，东接江津区朱杨镇，西靠永川朱沱镇，北临永川的何埂镇。

松溉镇属亚热带季风性湿润气候区。气候温和，四季分明，雨量充沛，季风气候显著，日照少，湿度大，多雾。年平均气温在18℃左右，年均降水量约1000毫米。这样的气候条件是比较有利于人们安居乐业的。在松溉的自然灾害史的文献记录中，干旱、风灾和暴雨是其主要自然灾害，但极端天气及自然灾害的频率并不高。据载，明代松溉发生旱灾的次数为4次；清代发生各类灾害的次数为10次，其中旱灾次数5次，水灾2次；民国时期各类灾害有文献记录的为9次，多为旱灾；中华人民共和国成立以来，记录的自然灾害较多，亦多为旱灾，对农作物损伤较大，但均未损及人命。

松溉镇地形为低山和丘陵：主要山脉有巴岳山脉，境内最高峰海拔405米；最低点位于长江边，海拔199米。植被稀疏，多为红山秃岭。松

---

① 基础信息和数据主要参考《永川市松溉镇志》编纂委员会编纂的《永川市志·松溉镇志》，2010年版，第46—48页。

溉中坝属河漫滩，长300—400米，宽100—150米。长江沿岸区域属一级阶地，海拔210—220米，呈狭长带状断续分布，宽100—150米，长500—1000米。松溉人的地理识别系统中，把河滩分为三段，以东端作为水码头首端，每隔约500米作为一个码头区段，以“上码头”“中码头”“下码头”作为地理标识，街巷亦围绕这三段码头展开。三段码头中以“中码头”为行政、商贸及文化的中心点。

水文环境方面，松溉长江段整个流长是7.5千米，流域面积为48.5平方千米，主要河道有一级河道大陆溪河、新桥河、土地滩河3条。每年5—10月为汛期，平均水位在200米左右，历年最大流量为5.34万立方米/秒，历年最小流量为1930立方米/秒，年径流量为2099亿—3524亿立方米，水面宽度为400—600米，最大水深为34米。优良的水文条件保证了松溉可全年通航。从现有文献的记录可知，松溉段长江水域发生灾难性的水患远不如旱灾对老百姓带来的伤害大。当地老百姓的社会记忆中的水患主要有两次：一次是乾隆年间（1736—1796）的雨灾引发的涨水，那次长江水淹到了鱼市口，冲塌房屋数间。一次是光绪年间（1875—1908）的雨雹，这次导致境内的几条溪水漫延，出现人员伤亡。这两次的灾害主要还是由极端的暴雨导致。在汛期常态情况下，普通涨水对于地势较高的聚落空间几乎没有任何影响。所以，长江河道对于松溉人民而言是温和的母亲河，是他们的衣食父母。

从上述的地理环境来看，松溉镇有先天的地利条件——水道，这在陆路交通不通畅的年代，有水路的平坝区域较内陆和山地区域更容易发展起来。自唐宋以来，中国的经济中心开始南移，长江水道的沿岸区域是最先发达起来的区域，“扬一益二”① 说明了自唐以来，长江下游段的长三角区域和长江上游段的成都平原是中国经济最富庶的地区。但狭窄的地形条件又决定了它难以发展成像上游的泸州和下游的重庆那样重要的港口。缺乏可容纳巨量人口的宽广平坦的土地决定了它的政治和经济地位不可能成为“市”这个层级。明万历二十一年（1593）和清顺治十

① “扬”指扬州，“益”指益州。

八年（1661）两度成为县衙所在地是它历史上政治地位最高时期，民国时期扮演川东黔北的中枢物流角色是它在历史上最高的经济地位时期。

二　松溉行政区域的历史沿革

在对外宣传上，松溉给自己的定位是“千年古镇”。事实上，松溉镇的始建时间无史籍可考。其参考的史据是南宋名家陈鹏飞曾在此设馆教学的传说。据清嘉庆《四川通志》记载，南宋陈鹏飞（字少南，与苏东坡、张子昭被誉为当世“注经三杰”）因被秦桧诬陷遭贬，偕妻在此设馆教学。2001 年，陈少南墓在松溉镇被发掘，为他告老还乡设馆教学一事提供了依据。据此判断当时松溉已有场镇。

松溉在行政级别上的历史高光时刻是其曾两度作为县治的行政区域身份存在。玉皇观内保留的一通石碑碑文记载，明朝万历二十一年（1593）永川知县徐先登曾将县衙移此。这是松溉第一次作为县治所在地；第二次是清顺治十八年（1661）知县赵国显也设县治于此，招抚流亡。康熙四年（1665）永川知县王耘将县衙迁回永川县城。行政级别的升级，对于松溉的人口迁徙势必带来极大的推动作用。行政区域层级越高，则人力资源越丰富，意味着谋生的机会更多，这是一个人口迁徙规律的常识。外来人口对于明末清初历经了百年战乱正处于满目疮痍的巴蜀大地而言，无异于源头活水。两段短暂的县治时期以及康乾三代的垦荒政策吸引了大量的外来人口，这为松溉日后的繁荣提供了人口资源的保障。

至清乾隆年间（1736—1796），虽然县衙已经迁回了永川，但清政府仍给予松溉高于一般乡镇地位的行政身份——乾隆十二年（1747）曾于此设总爷衙门，并且修了城隍庙。城隍庙的修建对于失去县治地位的松溉人是一个心理安慰，因为按封建时代不同层级的城镇规格，只有县以

图 1.1　现在作为景点的鹏飞书院

上的区域才有资格建城隍庙。城隍庙是用来祭祀城隍神的庙宇，是城市发展的产物。城隍本指护城河，祭祀城隍神的例规形成于南北朝时期。唐宋时对城隍神的信仰滋盛。宋代将其列为国家祀典。明初，大封天下城隍神爵位，分为王、公、侯、伯四等，岁时祭祀，分别由皇帝及府州县守令主之。也即只有“城”才能有城隍庙。故位于古县衙下面的城隍庙说明松溉这方境自乾隆时期已是座“城”。“城民”这个身份对于松溉人而言虽然是个虚荣，但在长期以来城乡二元结构的社会关系中，“城民”在身份秩序认知中不可以否认的是比“乡民”更高的阶层。这种根深蒂固的“轻农”身份认知直到前些年取消农村户口，实现“城乡一体化”时才有所转变。从心理学的角度，松溉人因松溉这些历史的殊荣致使他们相较于隔壁的乡镇多少有些身份上的优越感。

到了清光绪十八年（1892），清政府在松溉设把总。把总是清代绿营兵中的低级军官，正七品的官位。清光绪《永川县志·舆地·山川》记载："松子溉，邑之雄镇也。商旅云集，设有水塘汛，查缉奸盗。又下曰东岳沱，深数十丈，石刻'澄江如练'四字（郡守陈邦器书）。沱上北岸，有后溪水来注之。东岳沱之前，曰哑巴溉，水最险恶，往来舟子不敢作欸乃声，故此以名。其下流有巨石立江边，形如虾蟆。水涨及虾蟆口，船无敢上下者。过此为大矶硱滩，江流至彼，乃入江津界。"什么是"水塘汛"呢？这涉及清代的兵事管理制度。在清代，凡是千总、把总、外委所统率的绿营兵都被称为"汛"，其驻防巡逻的地区称"汛地"，亦作"讯地"。塘汛驻兵为的是"游巡盘奸，缉匪差防"，即主要从事治安管理。水塘汛主管水上治安，旱塘汛管辖陆地治安。松溉设有水塘汛，也从侧面反映了其当时经济活动的兴旺，以至于需要设置专门的治安管理部门来保障其经济活动的安全。

进入20世纪，中国经历了三次的政权更迭。1912年，清王朝被民国政府取代；1949年10月1日，中国共产党取代了国民党统治者，成为中华人民共和国的执政党。政权的更迭导致松溉的行政区域和名称历经了多次变迁。

民国初年，松溉更名松溉场。此时的松溉由军阀管治。民国二十二年（1933），更名松溉乡。民国二十四年（1935），更名松溉联保。民国二十七年（1938）10月，新生活运动总会妇女指导委员会在此设立纺织实验区，名松溉实验乡，实行厂乡合一，厂长兼乡长。民国二十九年（1940），松溉实验乡更名松溉镇，直至永川县解放。

1949年12月4日，永川县和平解放。永川县成立人民政府后，于该月下旬将全县划分为6个区、43个乡镇。松溉镇属第四区，共辖何埂、聚美、水碾等乡镇。1950年1月1日，永川第四区区公所①正式成立。区公所所在地设在"北门锁钥"西北侧的文昌宫（又名孔家祠堂），松溉镇人民政府设在原西大街（现横街子）的南华宫内。1951年3月，松溉镇实行城乡二元制，镇乡分离，农村人口属松江乡管辖。1953年，松江乡

① 区公所为县或市政府的派出机关（20世纪五六十年代一度改建为区人民政府），其行政地位介于县和乡镇之间。

分为松江、新华两个乡，1956 年后又合并为松江乡。1958 年 9 月，松溉镇乡合并组建镇江人民公社。1963 年 2 月，镇江人民公社分为镇江人民公社和松溉镇，镇、社均属何埂区公所管辖。1968 年 11 月，成立何埂区革命委员会，镇江人民公社和松溉镇相继成立革命委员会。1970 年 4 月，永川县松溉镇革命委员会成立居民委员会。同年，永川县镇江人民公社青龙大队革命委员会成立，下设 5 个生产队。1978 年 11 月，松溉镇与镇江人民公社合并建为松溉人民公社。1983 年 9 月，撤销松溉人民公社革委会，改为松溉乡人民政府。1986 年，撤销松溉乡并入松溉镇。1992 年，松溉镇更名为松既镇。同年 10 月，落实“撤区并乡建镇”，松既镇与聚美乡合并组建松既镇，由永川市直管。直至 2004 年，松溉方确立目前的行政区域范围。在这一年的村级建制调整中，原有的 17 个村合并为 6 个村、94 个村民小组，原有的 2 个居委会合并为现在的 1 个居委会。2005 年 6 月，为尊重历史和群众意愿及发展旅游的需要，松既镇更名为“松溉镇”，管辖区域和政府驻地不变。2021 年，松江村改为松江社区。截至 2022 年 7 月，松溉镇的行政区划为 2 个社区、5 个村。

综上可见，松溉 20 世纪后半叶行政区划的变化是历朝历代最频繁的，特别是 20 世纪五六十年代几乎每年都在变更。让人眼花缭乱的行政区划变更可归纳为以下几个时期：区乡建制（1949. 12—1958）；人民公社建制（1958—1966）；工农人民公社建制（1966. 01—1971. 06）；恢复人民公社建制（1971. 07—1978. 04）；恢复区乡建制（1978. 05—1984. 12）；镇村建制（1985. 01—今），然后在这个基础上略作调整。

三　鼎盛时期的松溉（20 世纪 20—40 年代）

茶馆里的松溉老人谈起松溉的历史，不约而同的一个观点是今不如昔。老人口中的“昔”指的是他们祖辈和父辈年轻时打拼家业的时代。

个别年逾八旬的老人对他们儿时看见过的江边及场镇热闹的街景仍印象深刻，“那时每天江上的船一艘接一艘，船密密麻麻地从上码头到下码头几千米长的江面都排满了”。

（一）极盛时期的两大标志

松溉极盛时期的一个标志是1921年成立的松溉商会。商会的成立说明那个时候的商业已形成一定的规模，需要一个专门的行业组织来管理和协调。在中华人民共和国成立前，松溉场镇商户门类多达18个行业，整个场镇几乎1/2的人口从事工商业。松溉商会下设30多个帮，直接管理数百家商铺。这些行业中，尤以花纱、白酒生意最为兴旺。

表1.1 松溉在中华人民共和国成立前的行业和主要商号

行业	商号	商铺总量	销售量/销售额
花纱业	源顺庆①、永康、翕泰、德生昌、新荣庆、玉丰、集庆隆、德昌、荣茂等	约50家	100多万银元
叶烟业	协胜祥、吴福祥、孔大盛、宋炳文、德盛、吴治卿、熊裕胜、长丰、以义、荣茂、王子卿、梅殿魁、黄增武等	13家	年销售量约3000担，约7万元
京果业	六和春、万胜和、肖德斋、豫义恒、罗席珍、厚记、喻吉祥、陈德林、谭桂云、阳子华、聂世贵、凌泽楷、罗敏修、邓超韩、万福同、唐寿书等	约20家	糖：30万斤；纸钱：2万余捆
粮食业	龚义顺、陈信斋、曹辅臣、黎云生、王锡成、玉丰、夏海云、黄绍恒等	13家	熟米6万—7万挑；豆制品10余万斤
乡酒行栈业	永丰泰、乾丰泰、利源、黄德明、刘辉如、罗金城等	数十家	年出口约400万斤

① 源顺庆：陈家大院第一代发家人陈朝钰创建的商号。

续表

行业	商号	商铺总量	销售量/销售额
木业	吴乐轩、杨勉卿、杨宣厘、张举贤、周明晖；经营棺木的有王利川、陈发祥、刘玉堂、樊文光等	约 10 家	约 2 万元
药业	张国安、孔绍伙、刘明盛、胡席珍、王蓬仙、永丰和、陈锡龄、杏林药房、吴平江、蒲祥龄、刘国明、邓子良、王炳章、陈宏亮、古元兴等十数家。营西药的有潘南星、杜维汉、林毓才、周宏江、董英才等	约 20 家	约 3 万元
绸缎百货业	鸿盛荣、长永、杨炳林、赵树臣、樊建川、罗伯承、美丽、美大等	约 10 家	3 万余元
屠宰业	卢均平、卢炳荣、姜吉三、姜义顺、姜永根、侯同发、陈乘乾、严荣华、秦天禄、许明福、孔利存、卢春林、陈银安、罗汉文、宋哲轩、尧益三、何源发、姜永清等	10 余家	年宰猪 4000 余头，约 8 万元
盐业	肖式之、吴国臣、厚昌乾、徐福祥等	约 10 家	30 多万斤
五金业	兴发长、周祥盛、卢祯祥、陈安澜、周泽民等	约 6 家	约 2 万元
印刷业	吴治顺、洪兴祥、宋广生、宋志远、王绍安、王焕然、曾银武、罗永松等	约 10 家	约 1 万多元
染坊	陈庆云、曹钦云、王永福、温汝康等	约 10 家	约 20 余万元
茶馆	宋耀廷、邵湘滨、宋石之、廖炳章等	约 20 家	约 1 万元
旅栈业	李德和、李焱初、罗敬修、周荣胜等	约 10 家	约 1 万元

（表格根据张光远的《辛亥革命至解放前松溉的手工业和商业》的文字稿绘制）

在 30 多个行业中，以棉纱（花纱）、乡酒和粮食业的收入最高，这 3 个行业每年的营业额占整个松溉工商业的 7 成以上。所以，商会会长多由这 3 个行业产生。在 12 届商会会长中，其中 9 届会长在这三大行业帮会中产生：第二届商董——米粮帮的秦玉权（松溉首富）；第三届会长——棉纱帮的张德涵；第四届会长——乡酒帮的邵联三；第五届会长——棉纱帮的陈海门（陈家大院第二代掌门人）；第六届会长——棉纱帮的温崇和；第九届会长——米帮的万怒平；第十、第十一届会长——油酒帮的陈昂高（连任）；第十二届会长——油酒业的王继辉。商会经费的主要来源：进出口的主要大宗商品如花纱、乡酒和叶烟以计件收取，其他的以店户大小作为经费分摊。花纱业是商会经费的主要来源，在花纱业高峰期，年销售棉纱3000包以上，每包收取事务费2角4分。年收取事务费1000元—1200元。

极盛时期另一标志是1938年宋美龄领导的“新生活运动促进总会妇女指导委员会”在松溉建立的新运纺织厂。这是松溉在中华人民共和国成立前唯一的现代工厂。1937年7月7日，抗日战争全面爆发后，国民党政府迁都重庆。宋美龄领导的“新生活运动促进总会妇女指导委员会”也随之迁到重庆。为解决来川抗日人员的生活问题，宋美龄在1938年规划了4个实验乡，松溉是其中一个。1938年秋，以重庆裕华纱厂的组织形式建成新运纺织厂，厂址设在当时的南华宫（原湖广会馆），潘道昌任厂长。该厂共有弹花、纺织、纱布、药毛巾、纺毛、印花、漂染、整理等9个车间，织布机100多台。纺织厂除了安排来川的家属，还吸收了当地居民和农民共计500多人，全厂职工共800多人，女工居多。除了生产空间，还设有托儿所、幼儿园、卫生所、图书室、职工夜校等后勤设施和福利单位，可以说后勤保障做得相当完善，是整个永川县当时最具现代规模和现代企业性质的工厂。这样体量和福利的工厂在当时国内的纺织行业也找不到几家。这样规格的工厂对于松溉而言不啻天上掉馅饼，工业化水平被拔高了好几个档次。再者，这么庞大的工人群体是拉动当地经济的重要消费群体。虽然无人对占当时场镇人口1/10的大厂工人们在多大程度上拉动了当地的商业做过统计，但松溉高达数十家的京果铺、酱园铺、烟叶铺，恐不仅仅是为了满足远道而来松溉做批发生意的客商，与这群高质量的工人消费群体亦不无关系。特别是那些来川的外省籍的技术工人，他们的工资比本地工人还要高一些，逢年过节，走亲访友等势必要带回些四川的特产。所以，松溉 20 世纪三四十年代的工业与商业是并轨发展的。可以参照的镜像是 21 世纪互联网大厂的周边区域，过去 20 年是我国互联网经济发展黄金时期，他们成了中国工薪阶层的高收入族群。在互联网大厂周边，楼盘和车行是最多的，因为这个群体有这个消费能力。同理，在这么大型的纺织厂周边，与衣食住行相关的商铺自然是受益者。

"白日千人拱手，入夜万盏明灯。"这是当时松溉经济繁荣盛况的写照。每天从这里出口的货物包括输往上海的夏布数百匹、供长江轮船燃料的煤炭数万斤、运往嘉定等地的白酒万余斤；进口的货物有湖北的棉花，上海的棉纱、布匹、海味、百货等，这些商品卸船后又转往川南、川西等地。繁荣的进出口贸易催生了发达的马帮行业。平均每天近千匹马和骡子穿梭往来于松溉南北贯通的"十里长街"。狭窄的街道，装满货物的马、骡子踩着青石板路，领头马脖子的铃铛发出"叮叮当当"的响声，从早到晚不绝于耳。这是鼎盛时期松溉街巷的日常景观。

从 1938 年至中华人民共和国成立前夕，松溉的人口从 2814 户 14 418 人增至 3348 户 16 044 人① （与永川县城当时的人口接近）。从这两个人口数据，我们可以推算出当时内迁的人口达到 1500 人左右。考虑到场镇不过是 1 平方千米左右的聚落空间，这样的内迁人口已是非常可观。人口的增长充分说明了 20 世纪三四十年代这个商贸集镇之繁荣。

（二）崛起之因

20 世纪三四十年代松溉一跃成为川东地区重要的商品集散地和国民党抗属的后花园，原因有二：一是地利；二是时利。

先说地利：松溉是当时川东重镇永川唯一的出水口，承担着连接黔北、川东物流中枢的角色。其水运上至安边，下可至重庆、武汉、南京、上海等长江沿岸大城市。无论哪个时期，这类依江傍海交通枢纽型的地方较内陆容易发展，这样的例子不胜枚举。19 世纪末的香港、20 世纪八

---

① 《永川市松溉镇志》编纂委员会编纂：《永川市志 · 松溉镇志》，2010 年版，第 5 页。

九十年代的深圳等，说明一旦有外来资本（企业）介入，哪怕是小渔村也能在短短十几二十年成为一个大都市。松溉虽受限于它的体量，难以发展成具有“市”一级那样的规模，但与内陆的山丘型乡镇比，这种水码头型乡镇经济腾飞则要容易许多。简而言之，松溉地处长江之滨，在陆路交通尚不发达的年代，航运畅通的水码头是一块投入少、产出大的福地。故在20世纪前半叶，它的地利条件使它成了川东、川南、黔北重要的商品集散地。

再说时利：20世纪20年代，国内第一次革命战争时期，新成立不久的中国共产党在各大城市领导工人争取民主民生权利，相继组织了工会，开展斗争。为避风起云涌的劳工运动锋芒，降低劳动成本及资本风险，资本家包括民族资本企业主争先恐后把生产资料从城市转移到一些交通便利的小县城和集镇。松溉地处长江之滨，且这里的劳动力相较于重庆、泸州等城市要低廉，对于资本企业主而言是一块极好的设厂的区域。松溉最老牌的民营企业——民兴火柴厂便是在这样的背景下成立的。

由上所述，松溉经济地位具有一定的偶然性，不是历史以来发展起来的，而是时机赋予的。它从一个不知名的长江边小乡镇变成一个在区内外颇有影响力的工商业集散地和中转站，是20世纪二三十年代大城市转移风险的产物。

四　由盛转衰的松溉（20世纪40年代中期）

一个地方的命运和人一样，往往高低起伏。如果说抗日战争时期是松溉经济最繁荣的时期，抗战结束后，随着来川抗属的撤离以及商品集散地地位的削弱，松溉场镇的社会和经济进入了由盛转衰的阶段。

（一）外来人口的撤离

抗战结束，进入了国共两党的内战时期。国共内战的主要战场虽不在川渝地区，但对于长江上游段的川渝经济打击不小。松溉在民国防区时期以及抗战时期的繁荣一是得益于水码头的便利，二是得益于重庆作为陪都吸引了大量人才和财富资源的南迁。松溉的内迁人口主要有两部分：一个是新运纺织厂的外省工人和家属；一个是躲避战乱来川的师生。1938 年成立的新运纺织厂接纳了 300 多名外省籍抗战家属，保育直六院以及“教育部战地教师服务团第二中山中学班”逃难来川的师生近千名。一时人口骤增，松溉的工商业更趋繁荣。但局势稳定后，这些外来人口陆续撤走，这对松溉的经济产生了一定的冲击。影响最大的是 1947 年新运纺织厂资方——新运总会妇女指导委员会的突然撤资以及外省籍工人的撤离。虽然他们将固定资产和原材料、半成品等留给当地，但是令人遗憾的是，这些厂房和机器没能继续发挥作用，被当地势力分赃而告终。原纺织厂的本地工人无奈沦为了失业工人，五六百人的失业群体，这对于一个万余人口的小镇而言不是一个小数目。外省工人的撤离以及本土工人的失业伴随而来的是附近街区的消费降级，依靠消费兴起的商业自然开始萧条。更深远的负面影响是这个维持了 9 年（1938—1947）的大厂曾经吸附了镇上大部分青壮年女性劳动力，它的停产不仅让松溉工业化现代化的脚步戛然而止，也让妇女平权等思潮在当地停滞不前了。

（二）交通枢纽地位的削弱

松溉从抗战时期的极盛到抗战后的转衰固然与国民党政府撤离重庆有莫大关系，但更重要的还是与其现代交通的发展以及交通枢纽的转变有关。松溉在民国时期的繁荣很大原因在于它是川东（现在的渝西）黔北地区的货运交通枢纽和商品集散地，但松溉水码头这一交通枢纽地位在 20 世纪 40 年代被削弱。削弱的直接原因是陆路的发展。

从重庆上清寺至成都牛市口的“成渝公路”是长江沿岸的水码头小

镇商贸地位下降的导火索。这段 440 千米长的公路始建于 1927 年，至 1933 年完成。但当时的路况相当危险：特别是重庆市区到大足这一段弯多坡陡，狭窄难行。故在 20 世纪 30 年代，主要的货运工具仍然是骡马。成渝路上的四轮卡车成为日常风景是抗日战争爆发后才出现的。1937 年，国民党政府迁都重庆后，基于军事方面的需求，对成渝路段的“渝段”（川东区域）开始了大规模的投资和建设。川渝地区作为战时大后方的主要基地，公路交通成为唯一可依赖的运输手段，为了确保行车的安全与通畅，国民政府对公路交通实行战时统制。1939 年，交通部拨款 290 万元用以改善川渝公路的桥渡设施及重庆至青木关间的桐油路面工程。1943 年，国民政府又拨款 300 万元，改善重庆至壁山段。道路的不断完善，使得沿路的村落逐步发展成中心场镇，川东（渝西）一带的水码头场镇逐渐失去了商品集散地的地位。

成渝公路的不断完善，加上一批军用车辆转为民用，解决了交通工具缺乏的问题，这些都影响着松溉的发展。从重庆市交委保存的一批拍摄于 20 世纪 40 年代的成渝公路老照片，可以看出那时成渝公路跑的大部分卡车是 1941—1942 年滇西缅甸战役留下来的军用卡车。

1952 年 7 月，成渝铁路建成通车，铁路从距离松溉 5000 米的朱杨溪拐弯而过，隶属于江津县的朱杨溪镇成为水陆联运的新枢纽，物流渠道的改变削弱了松溉作为商品集散地的地位。

五　改革开放后的松溉（1980—今）

1952 年土地改革完成以及导致工商阶层衰落的“松溉事件”[①] 后，

---

① 1952 年发生的“奸商集团”风波、“追匪赃运动”、“肃毒运动”等被统称为“松溉事件”。“松溉事件”后大量工商户迁离。据《永川市志 · 松溉镇志》（197 页）载，1951 年全镇有流动资金 116 409 万元，而 1952 年就只剩下 41 158 万元，一年缩减至原来的 1/3；1951 年有 1034 家工商业店铺，1952 年就垮了 142 家；1951 年收所得税 64 659 万元，1952 年只收 6477 万元，仅及 1951 年的 1/10。

松溉基本上“消灭了”富农和富商阶层，社会矛盾这时也转变成了人民内部的矛盾。1952 年后，松溉的场镇居民与乡下农民基本上过着差不多的日子，进行着差不多的工作，甚至每日的工作时间、工作任务量、薪水都是差不多的。这种无差别的集体劳动和生活一直持续到土地下放以及乡镇实行多种经济制度合营的 20 世纪 80 年代初期。

改革开放使中国重新拥抱世界，经济发展进入了高速轨道，短短 30 年发展成为世界第二大经济体。伴随着国家财富的积累，无论是东部，还是西部，大部分地区或多或少都享受到了时代的红利。偏居西部的松溉古镇在改革开放的大潮中经历了先苦后甜。与 20 世纪 80 年代初获得土地使用权激发了生产热情的农民感受不同的是，改革开放的头 20 年是场镇非农户口的居民的阵痛时期。因为这 20 年是公有制转向多种所有制并存时期，“铁饭碗”被打破，原来的工人阶层这一时期面临下岗或转制。1978 年党的十一届三中全会后，国家实行“对外开放、对内搞活”的改革开放政策，乡镇产业结构调整，从单一的公有制转向了国营、集体、个人等多种形式并存的多种所有制。在转制的时代背景下，原公社（镇）、大队所办的农机厂、加工厂、手工业、建筑建材等企业逐步因被私人承包经营而解体。松溉镇上的“手工六社”——竹器社、木器社、铁器社、染织社、衡器社、印刷社中的竹、木、铁、布四社于 1984 年撤销，以前端“铁饭碗”的工人们成为了事实上的失业者。从 20 世纪 80 年代开始，镇上开始出现了个体户。这部分人群相当部分是由下岗的工人构成。相当部分下岗工人到长江码头去当挑夫，主要是担些煤炭等日常必需品到生活区贩卖；一部分人则利用自己的手艺制作产品逢场期拿到集市去卖以换取现金收入。赶场成为了场镇个体户及附近农民的主要贸易途径及生计来源。

进入 21 世纪的松溉迎来了新的发展机遇。凭借保存完好的传统聚落空间形态和清末民初时期的传统民居等旅游资源，松溉在 2002 年获得了“重庆市十大历史文化名镇”的称号，尔后，发展旅游成为了每届镇政府的共识。松溉古镇空间景观的第一次美化是在 2005 年。这一年，当地政府引进民间资金2500万元打造明清休闲一条街、罗家祠堂、陈家大院、古县衙、东岳庙、清洁寺等项目。2007年12月29日，松溉古镇迎来了它的第一次隆重的开街仪式。这个仪式对于沉寂了60年的千年古镇而言是具有指标性意义的，这意味着它从一个普通寻常的渝西小镇转型为旅游资源型小镇。与20世纪三四十年代的辉煌不同，这一次它的繁荣不是依靠传统的手工业和商业，而是全球化催生的大众旅游经济。

就旅游资源来讲，重庆段长江沿线的古镇没有几个古镇可与松溉古镇媲美，它不仅仅建筑空间景观保留得相对完好，更重要的是它有太多的故事可以讲，也即从面子到里子它都是一个有足够吸引力的地方。对于资本而言，故事比普通的建筑景观要有价值得多。正因为如此，其上级管辖行政单位——重庆市永川区政府在每一次的区形象广告宣传片中都给松溉古镇安排了许多必不可少的镜头。在过去5年的旅游项目投资中，也倾向于松溉古镇。2017年2月，永川区政府与中铁建重庆投资有限公司签署了松溉古镇旅游综合开发合作项目，总投资高达30亿元。合作范围侧重以永川区松溉古镇景区开发为核心的小城镇建设，包括松溉辖区美丽乡村建设、生态农旅、康复治疗、养生养老服务等关联产业。2020年松溉古镇旅游项目又被列入永川区总投资达到66亿元的区级重点项目。

经过过去几年（2017—2022）的整修，松溉古镇的外在形象用现在的时髦话来说就是“最高颜值时期”。原来的26条街巷的临江街、正街及其沿街景观体现了古典与现代的结合，玉皇观、魁星阁、罗家祠堂等传统建筑成为游客打卡的新地标。逢“五一”“十一”的旅游黄金周，松溉古镇变得人声鼎沸，每天都有数万名游客拥进。也即，21世纪的松溉迎来了新的历史身份——从一个以农业为主导的普通小镇转型成为了一个依靠大众旅游的服务型小镇。

小　结

这一部分交代了变迁的地理环境和时代背景。过去时态的历史是现在时态的空间景观及人文景观的因。它有助于理解现在时此境此人状貌的逻辑。

松溉古镇现在的空间遗产及人口结构基本上是康乾年间“湖广填四川”的第一代移民基础上形成的。纵观松溉古镇的百年风云，有这么几个关键的时间节点：以1945年为界，往前是它的青壮年期，处于上升期，这一时期确立了它作为川东黔北商品集散地的角色和地位，重庆陪都时期（1937—1945）是它的最鼎盛时期；1945年后，由于陆路交通的发展及重庆结束陪都的历史使命等因素，它进入了衰落期，逐步失去了作为川东物流重要交通枢纽和商品集散地的地位；1952年是它的百年历程中最不平凡的年份，几次大的政治风波致使它的人口结构发生了重大变化，从一个移民青睐地变成了一个人才流失地，大量人才和财产流失，进入了平庸时期；2007年是它的转型时期，修葺一新的松溉古镇焕发新颜，开街首游式标志着这个千年古镇历史上的转型，从一个农业和小型工商业的乡镇转型为一个依靠大众旅游的服务型小镇。

第二章　古镇的空间变迁

松溉人的生活空间是“街上—农村”二元结构，松溉人所说的“街（gāi）上”主要包括江边到建设路—菜园路这个1000米左右的内圈，街上的人被定义为非农业户口人群。街上的居民主要是明清移民的后代、20世纪90年代三峡大坝工程的部分生态移民和十几年前因修建工厂和火力电厂迁徙过来的农民。镇上的老人们说，松溉的聚落空间形态发生较大变化是改革开放后这几十年的事情：不少老房子年久失修被拆除了，以前的马路有的变成了公路，北边的半边街和黄桷树街基本上荒废没人住了，20世纪70年代仍为荒地的西边成了繁荣的新区。对于大部分松溉的年轻人而言，他们成长于公路通达和混凝土红砖房时期，对古镇的空间认知主要来自入口处及几个地标性建筑物前的地图。这些在景区重要景点树立的地图标识是“现在时”的地图符号，“过去时”的空间形态随着一代代老人的入土越来越模糊。借助几位“40后”老人的口述历史，我试图还原过去百年间古镇主要街巷、教育空间、宗教空间、休闲空间等不同人文景观的变迁情况。

图 2.1　古镇新街街景

一　古镇昔日的空间范畴

自然形貌上，松溉古镇临长江、依松子山而建，具有独特的山—街—水自然风貌格局，具有“整城依山筑，四水绕城流”的城镇山水空间形态。整个镇区背山而筑，松溉古镇地处丘陵地区，山体较多，西、北、东三面环山，其中以大青紫山为最高山体，旁边有小青紫山与之呼应。长江沿古镇镇区南面流过，大陆溪从南部横穿境内流入长江。

聚落空间形态上，昔日的松溉镇有 26 条街巷，沿街则为商铺，后巷则为生活宅院。受到周围山体和水体走势的限制，街巷形成了线状和面状两种形态。从中码头的老县衙为起点至北门锁钥这一段路是松溉古镇的主要干道和商贸街区，呈南北走向，是一条非常典型的线性空间街道。这条商贸主干道最主要的两条街巷为正街和文昌街（又名梓潼街，现名解放街），这两条街囊括了全镇百分之七八十的商铺，其形制与功能类似今日步行街的商贸中心街区。另外几条线性的街巷为：塘湾头街—坳上街—核桃街—大阳沟街；正街—诸家巷子；松子山街—临江街—上码头街—马路街。这些大大小小的街巷合在一起形成了古镇传统街区的整体面状空间。

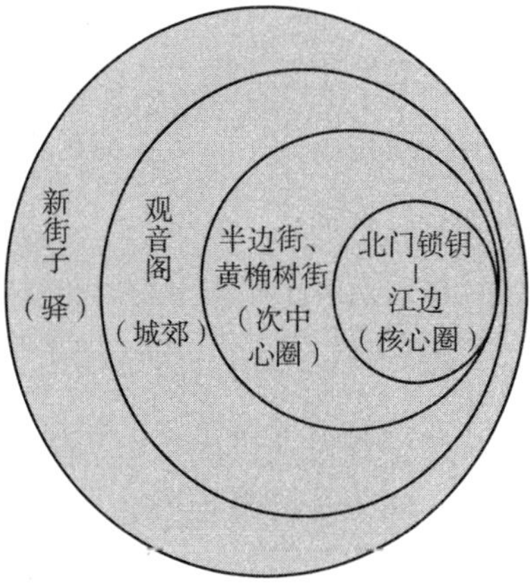

图 2.2　松溉古镇传统空间秩序

在老松溉人的观念里，他们对空间赋予了等级秩序。以北门锁钥为界，往南至江边是最核心圈，北门锁钥以外的两条街巷——半边街和黄桷树街为次中心圈，再次之的观音阁为城郊，离江边最远的街区——新街子则称之为“驿”。

从外面进入松溉的商人、马帮或其他走亲戚的人蜿蜒南下，经过北门锁钥后，才算进入了主城区。主城区的第一条街便是文昌街，也被老松溉人称为“前街”，从北到南长约 500 米，拐弯处连接的是坳上街，穿过几十米长的坳上街，便来到正街，也即以前的官道，被称为“后街”。正街的尽头是一座城隍庙，城隍庙挨着江边，即松溉的鱼市，故又名“鱼市口”。城隍庙背后是一座小山丘，名凤凰山，山坡上坐落着老县衙。从北门锁钥到江边，全镇 26 条街巷交织成扇形铺展开来，像一张巨大的渔网撒向长江北岸。

图 2.3　保留完好的北门锁钥。北门锁钥是进入松溉古镇核心圈的唯一通道

若出城，过了北门锁钥往北，最先经过的是半边街，两三百米长的半边街住着几十户人家，半边街过后便是黄桷树街，黄桷树街过后是观音阁，观音阁后是新街子。从正街到新街子这条南北通道总长达5000米，因路面皆为青石板铺就，故得名“十里石板街”。沿街为一色木架构、瓦屋面的明清风格建筑。小巷内多为民居宅院，街道上各业商铺、作坊鳞次栉比。

在传统的城镇空间结构中，防御和安全功能是首要考虑的条件。作为川东南物流枢纽重镇的松溉尤其注重安全防护。古镇四周没有高筑的城墙，而是在场前场后、街头巷尾栏街修筑土墙，用石门框安装大门，当时居民称它为栅子。商业区文昌街、观音阁、黄桷树 3 条街分别在街前街后都有栅子，其数量多达 12 处。栅子随街巷宽窄而建，既简易又牢固，栅子有双扇大门，一般高约 3 米，宽 2.5 米，门的厚度达 5 厘米以上，用老树杂木做成石门框，横梁上刻有“长治久安”（西大街的栅子）、“天下太平”、“五谷丰登”、“自治基础”（水井湾的栅子）等名人正楷书法。在木质大门内还配有铁制牛角锁一把，以提防匪徒来犯，加大了难度，确保全镇百姓平安。主城区最重要的前门文昌街栅子和场尾正街衔接鱼市口接触的栅子，还各修建了一座小楼，由看守寨子的人居住。每到深夜，栅子门关闭，各片区分隔不通行人；有更夫住在栅子门楼上，按时下楼敲着梆沿街巡查，以保街坊平安。

二　“十里长街”的兴与衰

松溉古镇的传统聚落空间形态发生物理性的剧变是在过去的 40 年间，最可惜的是“十里长街”被拦腰截断。“十里长街”可谓是松溉古镇商业繁荣与凋敝最直接的空间见证者，是松溉古镇的空间形象名片。

“十里长街”的来历与军阀防区制时期（20 世纪二三十年代）一个名叫王振五的驻军营长有莫大关系，用现在的视角看，时任松溉驻地军官的王振五是20世纪初松溉基建的第一人。这个王营长在松溉期间做的好事不止一桩：据《永川市志·松溉镇志》记载，1927年，他还下达严令禁烟，罂粟种植得到遏制，人们不再沉迷于鸦片。不似靠武力威吓当地百姓的驻军军官，他采用了“养鸡下蛋”的方法来治军和治理地方。他下令对松溉原有破烂街道统一进行重新修整，这样一来推动了松溉的经济进一步发展；二来他所属的部队的财源也就进一步得到充实，可谓一举两得。修整街道经费来自各商家店铺和老百姓的捐资。在修整过程中，王营长亲自督促，各环节绝不马虎，在选料问题上非常讲究，所用材料来自松溉下游5000米的地方。该地石料坚硬细密，不易风化，自古以来是百姓家用来做石磨的材料。每块铺路面石板的石料厚度要求一般在20—25厘米，非常厚实。在后来数十年中，每天有成百上千匹骡马经过石板街道，经过反复磨损，石板街仍然完好无损，可见王营长在这个项目上是狠抓了质量。石板街重新整治完工后，原来的街名需扩充和重新命名。王营长又根据街道的位置、形状、祠堂、庙宇、原街名等要素命名，为30多条大街小巷取名为两路口、新街子、观音阁、磨子街、塘湾头、正街、水街子、朱家巷、川河湾、松子山、菜园坝、大阳沟、核桃街、邵家坝子、魏家巷子、水井湾、聚龙街、孔家院子、西大街等。

人们记忆中的“十里长街”主要指从正街的城隍庙到新街子这一段路，约5000米的距离。这么长的石板街在国内的古镇中都属罕见。在松溉古镇2007年刊印的《千年古镇，万古风流》的古镇历史故事集荟的小书中，作者称赞石板街为“古镇瑰宝”。作者对当时还未成为旅游景点的古镇及十里长街有这样一段描写：

踏入古镇，映入眼帘的是木制串架结构的瓦房和青灰色的石板街道。古镇里没有都市的喧嚣，沙尘的飞扬，也没有机器的吼叫，马达的轰鸣，让人感觉安适怡静、清新自然。街道上行人不多，但都步履悠闲，没有紧迫感。很多店铺仍然开着门，各行各业，人人微笑可亲。有的用手工做着农家所用的雨具蓑衣和平常人家用的棕床，有的店铺用手工做着延续了几代的衡器、竹器、木器。街头巷尾仍能听闻铁匠铺发出的叮当声。老式茶馆一个斗大的“茶”字随风飘舞，招揽八方游客。[①]

附图 2.4—2.7　青石板路仍保留完好的街巷
（左上：上码头；右上：马路街；左下：解放街南段；右下：临江街）

① 松溉镇文史编纂委员会编纂：《千年古镇，万古风流》，2007 年刊印版，第 205 页。

这条青石板路持续使用了50多年，即便沿街的商铺更换了多个主人，它仍然存在。但它终究逃不过现代化车轮的碾压。1976年3月，永松公路（永川—松溉）开通，给松溉古镇人们的出行、运输方式及空间风貌都带来了实质性的影响。青石板路面的十里长街从原观音阁保育院处画上了休止符，从这里往北的石板路面换成了细碎石路面，而后又换成硬化路面，观音阁街至新街子沿街的建筑被拆除。至此，十里长街的石板路面被拦腰截断，路面也从原来的三四米宽的窄道拓宽成了七八米宽的大道（如图2.8）。十里长街北段的石板路及商铺从此成了消逝的风景。

永松公路的建成，不仅对十里长街的空间景观带来了实质性改变，而且也改变了不同街道的命运，一些位于山腰上的远离现代公路的街道失去了发展的契机，逐渐被人们抛弃。黄桷树街和半边街是永松公路修建的两个最大“受害者”，它们在过去40年（1980—2020）事实上已经被荒废，两条街几乎已无人居住，大部分搬到了地势较低的镇区（核心圈），有一些则迁到了40千米外的市区。

图2.8　新街子—观音阁段的永松公路

三 主要街巷的变迁

（一）新街子

新街子是松溉镇“十里长街”的起始段，全长约 300 米，中华人民共和国成立前，商铺和居民有五六十户之多。在空间秩序中，它远离主镇中心区，被视作“驿”区，也即郊区之意。在以骡马为主要交通工具的时期，是后山各地物资转运来往歇脚据点之一。全街分上、下两街，上街较宽。中华人民共和国成立前的新街子商铺有油槽房两家、旅店两家、饭馆数家。上街有两处进出口，左边去张家、大河、粉店、仙龙等乡，右边去何埂、聚美、五间、双凤等乡，也可直达永川。上街的中心是川主庙，每逢庙会，十分热闹，会有戏班唱戏，长达一个月左右。街前街后设有赌场，热闹情景仅次于东皇会。中华人民共和国成立后，由于松溉环境变化，新街子逐渐沉寂，成了赶场过往的过街，川主庙也成为小学所在地。

图 2.9 现在的新街子上街

1976 年，永松公路的通车对新街子的风貌影响很大。公路直接穿过新街子下街，再加上路面需要拓宽，沿街的建筑基本被拆除。因为坐落于公路两旁，新街子的居民有了新的谋生渠道，即在公路边修建门面房，底下自营或出租给别人做商铺，楼上住人。这种新式的砖混建筑在 20 世纪90年代基本取代了传统的木架穿斗房。这也导致新街子完全失去了“古典”风韵。

图 2. 10　沿公路的新街子下街

图 2. 11　原上街川主庙所在地

（二）观音阁街

因街中有观音菩萨大庙而得名，有脱节街之称，亦分为上、下街。连黄桷树街段的称为下街，连新街子段的称为上街。中华人民共和国成立前，观音阁街约有2/3的居民以编织土布为业，1/3的居民为小商贩。1939年全面抗日战争时期，原重庆保育院为躲避日军的空袭，把儿童转移到松溉，并成立了直属保育六院，其地址最先在松溉东郊长江边的东岳庙内，后搬迁到观音阁的菩萨大庙。保育院学生住在庙内，学习时间长达2年。因历史久远，庙内结构毁坏较重，中华人民共和国成立后被拆除。

观音阁街是受永松公路影响仅次于新街子的街巷。公路在原保育院旧址处穿堂而过，原有的青石板路到此画上了休止符。观音阁至新街子这一段的沿街铺面房因修建公路多被拆除。但南段的观音阁仍保留了完好的青石板路，青石板路两边保留了不少原来的传统建筑。不过，这些破败的泥房子多是人走屋空，主人杳无音信。

最有人气的一段是场尾靠近“松溉古镇”牌坊（松溉古镇公路的进出口）的民居。这一段一两百米的民宅家家户户都被涂上了白色颜料，塑造出干净整洁的新农村形象（图2.12）。目前仍有20余户人家在此居住。

图2.12　观音阁风貌改造段的民宅

图 2. 13　观音阁废弃民宅

图 2. 14—2. 15　观音阁清晰可见的青石板路

图 2. 16　沿公路段的街景

（三）黄桷树街

黄桷树街是从新街子进入松溉正街的第三处长街。全街长约 350 米，分为上、下两街，其主要功能是为后山客商及百姓往返松溉正街提供歇脚地。在黄桷树与观音阁连接处地势较开阔，松溉镇最大的马房便在这一带。黄桷树街既是商贾林立的闹市，也是贫民乞丐最集中的街区。中华人民共和国成立前有水烟铺、京果铺、中药铺、棺材铺、饭铺、茶馆等 20 多家商铺。逢场期，这里是松溉第一粮食市场，特别是农村或外地进来的高粱都在此街集散。该街以游氏、陈氏两大家族最为兴旺，在场头的高地为游氏宗祠。下街尾贫民区的糍粑坳有贫民 10 多户，常年以卖糍粑、红苕为业，受到来往马帮、小商贩、学生的喜欢。

如果从半边街转入黄桷树街的话，头端的两家皆为糖果铺，一家是邓家的；另一家是欧阳家的。邓家的糖果铺首店开设在黄桷树，另在镇上还有几家分店，中华人民共和国成立前是糖果业界的知名品牌。黄桷树 24 号西侧有条巷子，中华人民共和国成立前有一栅子。黄桷树 39 号原为张姓人家的大中药材铺。黄桷树街中段 50 号颇有点来头，中华人民共和国成立前的主人家是松溉的中共地下党员刘永怀，其在中华人民共和国成立后当过永川县第四区区长、县建设科科长、城关粮站站长等职。后被“下放”到农村，直至 1980 年“拨乱反正”，恢复党员身份，并按离休干部对待。20 世纪 50 年代中期，黄桷树 50 号成为松溉新华乡乡政府驻地。黄桷树的宗教空间是街尾的灶王庙，清代时期修建，逢场期和庙会也是热闹非凡。当地老人说其规模在松溉的“九宫十八庙”里算是中等级别。灶王庙地势较高，是一处天然的防御要塞——黄桷树南端入口与半边街北端入口的关隘。1950 年农历正月，中国人民解放军以灶王庙为据点，经过 13 个昼夜的激战，击退了围攻的土匪。这次战役死伤多人。“土地改革”时，灶王庙的土地和庙产分给了当地的几户贫民，成为私人财产。20 世纪 90 年代，人们陆续迁走，剩下断壁残垣，附近的乡民不断捡走木料和砖瓦，最后只剩下由三块巨石围合起来的石框门作为唯一物证。

图 2.17　黄桷树街的灶王庙遗址

现在的黄桷树街常态性空无一人，可以说是松溉古镇荒废指数最高的街巷。很难想象这条街在 20 世纪 70 年代仍是一条热闹的街市。它的衰败与永松公路的开通息息相关。如果说北面的新街子得益于沿路的地利而发展成为一个现代小镇，那黄桷树街则是因为远离这条现代公路的地理劣势而成为松溉城镇化进程的一个“受害者”。公路通了后，骡马这种运输工具就落伍了。当骡马被汽车取代后，位于松溉古镇中段位置的次中心圈的山坡街市包括黄桷树街和半边街就成了不通车的地方，围绕着骡马之道生存的街市自然就萧条了起来。

图 2.18　黄桷树街南端

图 2.19　黄桷树街中段

图 2.20　黄桷树街北端的游家祠

图 2.21　黄桷树街北端的街景

（四）半边街

半边街得名与其地势有关。半边街坐落于半山腰上，街道一侧为建筑，另一侧是峭壁，故得名“半边街”。峭壁一侧的建筑多数为吊脚楼，是松溉古镇吊脚楼建筑最集中的地方。也因为这地势，在松溉古镇的所有街巷中，它是道路最窄的一条街巷，路面宽 2 米左右。半边街与解放街相连，成了连接镇区与黄桷树、观音阁古街的纽带，在空间格局上与黄桷树同属次中心圈。站在半边街的陡坡边，可以看见沿街古建筑错落有致的山墙。

中华人民共和国成立前的半边街店铺规模都不大，以小型茶歇店、饭馆居多，还有一家家具店（半边街 66 号）和火炮铺。全面抗战时期的半边街是其百年历程中最繁荣的时期，当时这条街是宋美龄新运纺织厂部分工人的生活区。平日除了过往的马帮、挑夫帮衬生意，最大的消费群体就是这些在工厂上班拿着稳定工资的工人。半边街 76 号，是这条街的宗教信仰场所——石佛寺。现如今，石佛寺仍然存在。

松溉老人们对半边街过去几十年的变迁历历在目，这条街是镇上“40 后”“50 后”们记忆里一个重要场所，虽物是人非，但儿时的风味仍旧令人回味无穷。不少人买过李树清家的糖果，更买过这里的凉糕。一条百十米长的街巷光卖凉糕的就有十几家，最有名的是石佛寺对面吊脚楼 3 位尼姑制作的凉糕。为什么半边街的凉糕这么可口？据说制作凉糕用的水来自石佛寺对面的一口古井，井水清凉甘甜。凡路过的客商、马帮和脚夫都要来一碗凉糕。

与黄桷树街相似，现如今的半边街也是半荒弃的状态，挨着北门锁钥的一段尚有人住，有两三户居民是以前竹器社的退休工人，剩下的几户是在镇上打零工的中老年及环卫工人。大部分的房屋空置许久，这加速了房屋的衰败。前几年镇政府派人对这里重新作了排查，并对各个房屋作了编号，约有七八十栋房子被编了号。从文化遗产的角度，半边街和黄桷树街是目前松溉古镇所有街巷中最具有原生态价值的古建筑，包括青石板的路面和两边的房屋大多保持了中华人民共和国成立前的样貌。能保持原生态主要是它所处的地理位置“两头不靠”——不靠现代公路，故避免了拆建的命运；也不靠被商业化的旅游景观，从而避免了迎合旅游发展的过度开发。“被抛弃”反而得以保留了传统空间景观，唯一的“敌人”是自然。在自然中缓慢地衰老相较人为激进地改建，使这些传统聚落景观更加容易被人看得见、记得住。

图 2. 22　半边街街景

图 2. 23　半边街的老建筑

图 2. 24　半边街 2 米宽的窄道

图 2.25—2.26　半边街不少老房子墙面仍保留 20 世纪六七十年代写的毛主席语录

（五）解放街（文昌街）

解放街原名文昌街，因文昌宫而得名。文昌宫，也即祭祀天上的文曲星的庙宇。这条街是从北门锁钥进入镇区商贸中心区的第一条长街。在松溉古镇 26 条街巷中，数它的距离最长，从北到南约 500 米。虽位于镇区，但这条长街恰好与永松公路呈平行状，一般游客在汽车站下车后，从古镇设置的“入口”进入参观被建构的古街巷，因此，这条最长且有原住民最多的老街很少有游客踏足。

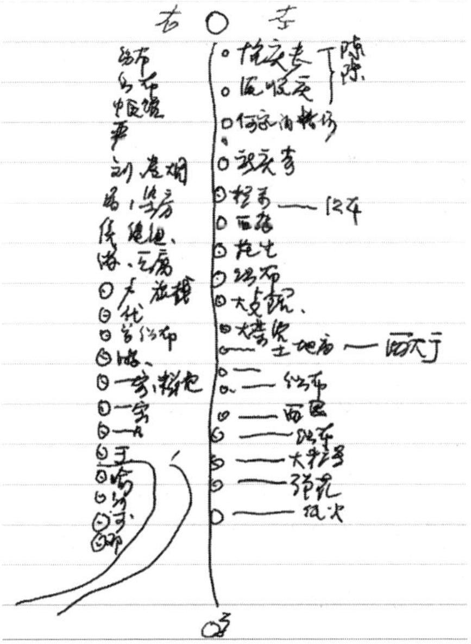

图 2.27　彭天佑老人绘制的文昌街商铺图

在文昌街生活了 70 多年的彭天佑对文昌街的每一家商铺的名字仍记忆犹新。他给我们手绘了一幅他儿时印象中的文昌街北段左右两旁的商铺图（图 2.27），图中可见两三百米长的街道分布了 40 多家商铺，囊括染织、洋纱、茶馆、饭馆、旅馆、药铺、豆腐、油槽坊、裁缝、糖果等十几个品类。

在彭天佑老人手绘地图的基础上，我们到现场进行了考察，根据信息汇表如下：

表 2.1　以北门锁钥为起点解放街（北段）20 世纪四五十年代的商铺分布

左（东面）商铺	右（西面）商铺
1. 怡庆长油槽坊（陈家）	1. 苏家织布坊
2. 源顺庆棉纱坊（解放街 119 号）	2. 徐家织布坊
3. 何家油槽坊（解放街 117 号）	3. 龙家中医馆
4. 张祥林酒馆	4. 严家猪肉铺（解放街 94 号）
5. 新庆云油槽坊	5. 刘家卷烟铺（解放街 92 号）
6. 林家糖果铺	6. 屈家染织坊（解放街 90 号）
7. 陈家编布坊（拐角小巷）	7. 侯家裁缝铺（解放街 88 号）
8. 王家杏林药房（中西药铺）	8. 游家豆腐坊（解放街 86 号）
9. 谭家盐花生	9. 卢家旅馆（解放街 84 号）
10. 潘家织布社	10. 代家修理铺（解放街 82 号）
11. 游清河的饭馆（中高档）	11. 曾家织布社（解放街 80 号）
12. 宋耀庭的大茶馆	12. 游家饭馆（解放街 78 号）
13. 土地庙（正对西大街）	13. 宋家糍粑铺（解放街 74 号）
14. 张青云的饭馆	14. 宋炳文的大茶馆
15. 卢家织布社	15. 樊清云酒馆
16. 织布社	16. 王振勇的大烟铺（转角—西大街）
17. 西医馆	17. 余家糖果铺（解放街 62 号）
18. 唐寿书大糖果铺（五子登科）	18. 熊家糖果铺
19. 李家弹棉花	19. 李家的中药铺（解放街 60 号）——松溉当时最大的中药铺
20. 纸火铺（正对水井湾 ）	20. 邓世昌的绸缎铺（拐角水井湾）
南段	

这几十家商铺目前无一家存续。青石板路仍是昔日模样，但两边的商铺早已不知换了多少人家。怡庆长油槽坊的厂址后来成了镇政府的敬老院，源顺庆棉纱坊则成了印刷厂的厂址，更多的商铺则成了个人的私宅。“现在时”的商铺开在了现代公路的建设路段和菜园路段。

从原邓家绸缎铺处下几节石梯便来到了解放街的南段。南段地势较低，比起北段商铺相对较稀，不像北段那般一家挨一家的商铺格局，只有几家染坊和几家手工作坊。这一段的地标有两个：一个是清末的邮局，另一个是衡器厂的旧址。衡器厂旧址目前是松溉第四代手工杆秤传承人熊德兴一家的居所。

值得一提的是，这条街出了不少人才。街巷北端口的陈家大院从第二代开始就发展成了当地有声望的家族，源顺庆棉纱坊的掌柜陈海门（陈开宗）是第五届松溉商会会长，其 3 个儿子都考上了大学。这个家族到第三、第四代转型成了高级知识分子，不少人成了我国各领域的行业翘楚，譬如医学界的陈文镜、影视界的陈冲等。发展到而今的第五、第六代，相当部分成员是世界名校的毕业生，家族开枝散叶到 16 个国家和地区。20 世纪五六十年代比陈家更让人羡慕的是唐寿书一家，这家人在抗战时期才从内江搬迁过来，租住在文昌街中段经营糖果生意，5 个儿子均考上了大学，留下了“五子登科”的美谈。大儿子考上了重庆大学，二儿子考上了昆明医学院，三儿子考上了复旦大学，四儿子考上了四川石油学院，小儿子考上了北京大学，而且 5 个人都是“文化大革命”之前的大学生，这说明了含金量之高。要知道，当时永川高考生考上大学的比例是 1∶10。

中华人民共和国成立后的几十年里，这条街的大户人家及有能耐者通过各种途径离开了小镇，但他们留下的房屋直到 21 世纪头几年仍然保存完好。让老松溉人特别是在这条街长大的街民感到最可惜的是 2008 年新庆云商铺和一些明清建筑在毫无征兆的情况下突然被拆除。文昌街的老街民谈及这段往事仍意难平，在他们看来这些老建筑才是松溉最有特色和最有记忆价值的遗产。

①龙家中医馆
②苏家织布坊
③解放街（文昌街）
④源顺庆商铺
⑤何家油槽坊
⑥原怡庆长油槽坊

图 2. 28　解放街（文昌街）北段

图 2. 29　解放街中段

图 2. 30　解放街南段

图 2. 31　松溉邮局旧址（清末）

图 2.32　松溉衡器厂旧址

（六）横街子（西大街）

横街子，老松溉人迄今仍喜欢称它为“西大街”。因其走向与文昌街相垂直，而被命名为横街子。横街子东西走向，东端接文昌街，西端接现在的建设路与菜园路的交叉路口。街尾当时有一栅子，寨门上写着“长治久安”四个大字。

中华人民共和国成立前的西大街，别看它仅有短短的100米，但其经济地位仅次于正街。场镇生意做得较大的商铺多聚集在西大街，这条街是松溉洋纱市场的批发地。永川南端乡镇的洋纱多从此街通过马帮运输出去。当时松溉商会的办公场所坐落于此街。全面抗日战争期间，新运纺纱厂亦在此街建厂，当时的地点叫南华宫，现成为镇政府驻地。

现在的西大街早已看不到往日的建筑痕迹，青石板变成了水泥路面，这是镇区内除了建设路和菜园路外通车的街巷。20世纪90年代后，西大街成了行政机构、幼教机构和公共医疗服务机构聚集的街巷。

图 2.33　西大街现在的街景

（七）正街

正街是昔日松溉古镇的政治、经济和文化中心。政治中心的标志物是古县衙。明万历二十一年（1593）和清顺治十八年（1661）两度在松溉设县衙，县衙位于正街东侧的凤凰山坡上，可俯视长江，凸显出正街作为松溉行政中心的地位。经济上，它在 26 条街巷中处于中心的中心，用现在的视角看，相当于北京的王府井大街、重庆的解放街和成都的春熙路。正街起点位于松溉中码头，是连接中码头的主要的街道。由于中码头是松溉最大的码头，因此，正街曾是松溉商业、货运的中心，曾是松溉最为繁荣的街道。镇区最大的旅馆、绸缎铺、京果铺、印刷铺都集中于此街。文化上，这条街聚集了玉皇观、樊家祠堂、万寿宫、禹王宫、天后宫等宗教文化场所，民俗文化浓郁。因街道南段起点挨着古县衙和城隍庙，故百姓习惯性称之为官道。在诸街巷中，正街是唯一有路灯的，且照明的路灯不是煤油灯，是汽灯，在当时而言是先进的象征。

树大招风，富庶的正街遭到的劫难也最多。沿街的商铺在中华人民共和国成立前常遭遇劫匪的抢劫。1949 年 12 月 2 日，那天在正街发生的故事经过松溉几代人的口耳相传得以保存在松溉人的社会记忆中。

> 1949 年 12 月 2 日晚上 9 时许，松溉大街上忽然有人惊慌跑动，并大声高喊："棒老二（土匪）来！"紧接着码枪、砸门、吼叫、啼哭之声骤起，随后大火冲天……当晚土匪 40 余人，抢劫了镇上闹市区绸缎、花纱、银楼等商号 40 多家，并放火烧毁了正街、坳上、宝华街等几条主要街道，被毁商铺 57 家，给古镇造成了巨大的经济损失和人文破坏。①

除了火灾，正街在 20 世纪 30 年代还遭遇过水灾。1931 年的洪水把鱼市口淹了。

如今的松溉正街已经完全是另一番风景。这景象既不是中华人民共和国成立前的私营商铺林立和庙宇扎堆的景象，也不似 20 年前破败杂乱的老街景观，而是外来的古镇规划和设计者根据自己的审美情趣和古镇旅游发展需求规划和设计出来的产物。除了脚下的路面是"老物"——以前的青石板路——之外，地上的建筑物都是近几年的"仿旧"产物。现在正在修建的秦家大院以前是"三宫"——万寿宫、禹王宫、天后宫所在地；新运纺织厂陈列馆以前是酒馆。

对于正街翻天覆地的改变，当地的老人看法不一。他们认为有的改变有新意，但有的改变并不妥当。意见最大的一处改动是在以前"三宫"的位置上修建了秦家大院。

---

① 《陈氏家谱》第 19 页。

图 2.34　正街街景

图 2.35　原来的老市场被开发成旅游集市

图 2.36　现在兴建的秦家大院，原为“禹王宫”

（八）临江街

靠近上码头的临江街，因为临近长江而得名。曾经名为“挑脚街”，因其曾为多数在江边工作的挑夫工作和歇脚的地方而得名。由于地理位置得天独厚，临江街随着松溉古上码头的发展而发展起来。古上码头处在松溉段的长江的上游，降水较多，成了松溉古镇水运交通的起源地。临江街也成了松溉古镇集镇的起源地，也是松溉场镇最早繁荣起来的街巷。

中华人民共和国成立前，临江街房屋多为吊脚楼。由于松溉三面环水，为了充分利用空间，松溉人便依照地形建起了一座座独特的吊脚楼。时过境迁，江畔一侧，粗粝的砂石路换成了坚硬平滑的水泥路面。里巷的街市主要消费群体自然是依码头生活的挑夫们，故临江街的店铺多是供挑夫们歇脚的茶水铺和旅社。

现在的临江街共三段：一段连接上码头街，一段通往江边，一段通往玉皇观。连接上码头街段的临江街长度约 50 米，与上码头街的距离仅仅是一段阶梯，从满江楼客栈始，有一家方糖店、一家茶馆、一家裁缝铺、两家客栈、一家传统古法榨油体验坊。到了丁字路口，向左拐则通往玉皇观，向右直走则抵江边。特别是通往玉皇观这段路成了松溉古镇旅游观光区最精华的路段。这条街两边的街铺是经过精心挑选的，旅游开发公司为了提高松溉的文化品位，邀请了几位非物质文化遗产传承人进驻，贩卖他们的手工艺产品。一家店铺是陈家竹艺铺，一家是卖油纸伞的，对面则是熊家杆秤及一家棕编手办店铺。路的尽头则是目前松溉古镇观光区投资最大的一个项目——玉皇观。于 2021 年开业的玉皇观是目前松溉古镇最具观赏价值的新兴旅游景观，也是现在松溉古镇的地标建筑物之一。

图 2.37　通往玉皇观的临江街

图 2.38　通往江边的临江街

（九）松子山街

图 2.39　松子山街低洼段

松子山为松溉古镇命名的地景要素之一。传说在宋朝有一县令夜行经过松溉，夜宿松子山。第二天，县令晨游松溉，站在松子山上发现松子山上满山遍野都是松子树，又看见长江水溉水滔滔，从而吟出松山溉水，松溉因此而得名。而县令所处的地方，也被命名为松子山。这则传说传递的信息是松子山街在宋代可能是最繁华的街巷，连官员们都选择下榻此地。

松子山街类似文昌街，属于古镇南北走向的长街。南段尽头可眺江，地势较高，前面连接临江街，后背靠正街，是古镇景观中心的中心。这里有三处地标景观——玉皇观、罗家祠堂和“松溉九大碗”饭馆。但低洼段的北段则是另一幅景观，主要是老街坊的生活区。这一段没有经过整修，显得有些破旧。只一段台阶，两幅风景，一新一旧，让人看到了有资本开发街段和没有被开发街段的差异，耐人寻味。

（十）核桃街

核桃街是玉皇观通往正街的一条侧巷。中华人民共和国成立前为镇区干果业的集中区域，尤以卖核桃的店铺最多，故取名核桃街。现在的核桃街主要是居民区，无一家商业店铺。这条街比较有意思的是虽然挨着玉皇观，却闹中有静。在若干街巷中，这条街的建筑仍保留了 20 世纪六七十年代的诸多痕迹。不少房屋的墙面上仍残留着很多标语，核桃街 27 号还保留着 20 世纪 80 年代的广告词。从沿街居民房屋里面的布置可窥古镇居民过去几十年的生活状貌。

图 2.40　核桃街街景

图 2. 41　核桃街 27 号，原松溉艺术照相馆，
现墙壁上仍留有 1982 年刷写的“瓷像简介”的广告词

（十一）大阳沟街

图 2. 42　大阳沟街

大阳沟街是临江街的一条支路。该街坐落了众多的明清时代的古院落。中华人民共和国成立前，松溉的大户人家多在此街修建自己家族的宅院，集合了刁家院子、梅五院子、团结院、白果树院等民居院落。附

近还保留了吉泰货栈和张吉栈的原址。

这条街在古镇的街巷中地理位置比较尴尬，既不挨马帮时代的商贸古道——“十里长街”［新街子—观音阁—黄桷树—半边街—解放街（文昌街）—正街］，也不挨现代公路，难以发展成商贸型街道。即便是赶上现在的发展旅游的契机，在20多条街巷中，它也没有什么突出点，亦难以被资本重视。

（十二）坳上街

图2.43　坳上街

坳上街是解放街进入正街的必经之道。坳上所处的地方地势较高，要到达此地必须走过一处陡坡，在川东方言中，称其为“坳”，故命名为坳上。昔日，坳上街扮演了文昌街和正街这两条把持了整个场镇经济命脉的主要商贸街道的桥梁角色，街上商铺主要是京果铺。

现在的坳上街也是改造后的产物。作为正街的毗邻街道，旅游开发资本也有幸眷顾此街，从而成了正街风貌改造的延展街道。现在，该街主要承担饮食和住宿职能。

（十三）水街子巷

水街子巷是正街中段的一条小巷，距离中码头二三十米的距离，昔日是场镇居住的2000多人到江边取饮用水的必经之道。因为巷道狭窄，挑水的人络绎不绝，溢出的水洒满路面，致使该街巷终日湿漉漉，故得名水街子。

图2.44　水街子巷

这条巷子在中华人民共和国成立前是铁匠手工作坊集中区，当时聚集了大大小小铁匠铺10余家。20世纪50年代成立的铁器社的工人多出自此巷。打铁铺之多，与松溉水码头这个市场有关。当时镇上大大小小的木船有100多艘，造船和修船都需要用到大量铁钉、铁钩。而今的水街子巷在正街的旅游开发大兴土木中被压缩，沦为了一条两侧房屋紧夹的窄道，丧失了街巷的形制。

（十四）水井湾

因入口处的一口古井而得名。在老松溉人的街巷印象中，水井湾是人才辈出的街巷。短短50米的一条小巷，晚清竟然出了3个进士，故又得名“聚龙湾”。3个进士分别出自温家、肖家和邵家。也即，这条街巷在中华人民共和国成立前是松溉场镇的“高档社区”，高级士大夫和巨贾们的家宅多择址此街修建。各家的庭院各具特色。最阔气的家户当数温进士的家院。

水井湾6号原为温家庭院，后被用作粮站，再后用作幼儿园。据当地老人说，20世纪90年代还能看到水井湾大户人家庭院残留的一些建筑

图 2.45　原温家庭院大门处

零件。而今，这条巷子的清—民建筑早已了无痕迹，甚至他们的后人也杳无音信。

四　街名的变迁

一条街道的变迁是系统性的变化过程，除了物理空间的变迁，还包括街名的变迁。如同人名一般，街名是街道的身份符号，是居民地方情感生成及确立“我是谁，我来自哪里”的身份认同的识别标志。一个稳定的街名更有助于人们强化地方认同感，频繁地更名会导致人们的地理位置的识别能力弱化，也会降低人们的地方认同感。中华人民共和国成立后，松溉古镇的街巷经历了多次的更名。以解放街为例，在过去70年，其名称变了5次：中华人民共和国成立后改名为解放街，“文化大革命”时短暂使用过中山街一名，后来又改成解放街，1980年又改回文昌街，大约是在旅游开发那几年（2007年前后）又变回了解放街，后沿用解放街这一街名至今。

松溉古镇第一次街巷名字的调整是中华人民共和国成立初期，松溉老人们对这一时期的街名变更印象已模糊，因为多数街道名字变更了多次，最初的变更时间太过久远所以记忆已经模糊了。第二次的更名发生在“文化大革命”时期，这一阶段的更名是大刀阔斧的，基本上所有的街道名字全被更换了。街道的名称体现了“又红又专”的特点，“解放”“胜利”“工农”“朝阳”等反映那个时期意识形态的词汇被用作街名。这次更名给日常生活增添了诸多不便。现在半荒废的半边街的部分家户的门楣上仍能看见“文化大革命”时期的门牌号的史据——“胜利街×号”的字样。第三次更名发生在1980年6月1日——全镇1100户重新规划门牌编号。将“文化大革命”中新命名的10条街道，恢复为解放前定名的20条街道：新街子、观音阁、黄桷树街、临江街、文昌街、西大街、中山街、马路街、菜园坝、大十字、临江街、水井湾、大阳沟、复兴街、松子山、水街子、正街、太平街、朱家巷子、川河湾，改掉了“文化大革命”时期胜利街、解放街、劳动路、工农街、红专路、朝阳街、人民路、东江街、青年路等名称。

多次更名导致了松溉不同年代的人们对街名认知和使用的差异：老年人对街道的称呼仍喜欢用原来的老名字，譬如将解放街称为文昌街，横街子称为西大街。

五　教育空间的变迁

教育空间是文化空间的一部分。在空间资本结构中，它是文化资本的重要指标。学校的多寡及办学质量在很大程度上反映了该地区的可持续发展能力。从过去百年松溉的教育发展情况来看，松溉场镇的现代公办教育是从民国时期开始的，现已经形成幼教—小学—中学—职教的教育体系。在永川的南部乡镇中，松溉的教育水平常年名列前茅。

（一）传统的私塾

从场镇设立到民国初年，松溉儿童接受教育的地方叫私塾。松溉历史上最有名的一位老师是南宋著名的注经大师——陈鹏飞先生，这或为松溉后世的私塾教育奠定了很好的基础。松溉历史上到底出了多少进士，这个数据尚不明确，但从流传至今的口述史可以得知松溉历史上出了不少人才，譬如水井湾清末民初的三家人“温家”“肖家”“邵家”是状元出身。如果没有良好的教育环境是很难有这些成果的。中华人民共和国成立前，当时场镇仍有大大小小的私塾十几所。

私塾分私人和宗族设馆两种。私人私塾的教学地点由主办人决定，教师的薪资由学生承担。宗族办的私塾馆址多设在宗族祠堂或庙宇内，招收的学生主要是家族子女及祠堂附近适龄孩童，办学经费由祠产开支。在松溉的宗族私塾中，以罗家祠堂私塾最有影响力。私塾的教学内容主要是传统典籍，从初级到中级到高级：先读《三字经》《百家姓》《随身宝》，再读“四书”“五经”，学作八股文，并开设书法、珠算等课程。毕业后升入书院。1910 年，清政府颁布法令，调整私塾的课程和教材、教法，促使私塾向近代小学靠拢。中华人民共和国成立后，私塾被当作私立学校，仍然存在了一段时间。直到 1952 年，教育部才开始要求政府接办私立中小学。20 世纪 50 年代后期，私塾才彻底从社会上消失。

（二）现代学校（中华人民共和国成立前）

松溉的现代教育在乡镇这一级别的区域而言是发展得比较早的。早在 1907 年就开设了一所现代意义的小学堂——寿尊寺小学。这应该和松溉作为川东、黔北一处重要的商品集散地的地位有莫大关系。通常商贸环境发达的地方，人们对新式事物的接受程度较高，教育实践等往往能先人一步。松溉的第一所新式小学的校址择在寿尊寺，寿尊寺小学中华人民共和国成立后改称松溉镇小学，也即松溉第一小学。

1914 年，松溉创办了第一所女校，名松溉自立女子小学堂，创办人是松溉的同盟会成员陈秉刚和留日学成归来的黄瑞麟。校址在现在塘湾街的张氏宗祠内。共开设两个班，学生约 20 名。陈家大院的第三代陈文贵的夫人曾在此校就读。可惜，这所女校仅办了两年就停办了。

1926 年，兴办达明小学，为私立小学，校址位于宝华街天后宫。办学经费来自禹王庙田产。

1930 年，在新街子创办松溉镇小学分校，称松溉镇第二小学。

1932 年，罗氏宗祠办的私塾改为小学，招收初小班。1938 年秋，加办中级班，除罗姓子女就读外，也允许附近贫困子女入学。罗氏宗祠办的学校招生规模是松溉场镇最大的，中华人民共和国成立后停办。

松溉在幼教方面有过短暂的春天——抗日战争时期从重庆市迁过来的第六保育院，是当时的中央直属幼儿园。它的迁入不仅补充了松溉没有早教教育的空白，而且直接拔高了松溉的早教教育水平。1939 年夏，日军空袭重庆，为了孩子们的安全，保育总会把重庆市陕西街万寿宫保育院的一批学生分到了松溉，成立直属保育总会的第六保育院（简称直六院）。直六院最先落脚在东岳庙内，随着保育生的不断增加，后搬迁到观音阁街（也就是现在“十里长街”被拦腰截断处）。抗战结束后，直六院迁回重庆总会。

到了 20 世纪 30 年代末，松溉出现了现代新式中学。最早的一家是 1938 年成立的教育部战地教师服务团国立第二中山中学班，用以安置和解决战区流亡来川师生的就业和就学。校址位于塘湾街的张氏宗祠，这家祠堂在 1914 年曾是场镇第一家女子学堂的校址，学校的食堂和师生的宿舍区则在下码头的关帝庙。当时，这个临时中学有教职员 30 多人，高、初中共 6 个班，学生近 400 人。1939 年春开学，1941 年裁并，学生分流至江津和永川二中。裁并后，当地乡绅筹集资金，在学校原址兴办了私立的精诚初级中学，办学经费来自松溉慈善总会和禹王庙田产。

另一所中学是1940年成立的松江初级中学，亦为私立。校址位于松江二队。办学经费是几位大中地主的“年捐租谷”。此校为永川二中的前身。

以上是中华人民共和国成立前松溉的办学情况，这一时期，办学主体主要还是靠民间社会的“士绅阶层”，像罗氏宗祠一家就吸纳了场镇大部分的适龄孩童。松溉在20世纪30年代基本确立了中小学教育体系。清末政府办的第一所小学——寿尊寺小学、20世纪20年代办的达明小学以及30年代办的新街子小学基本上被继承了下来，也就是现在松溉一小、三小、二小的前身；精诚中学和松江中学则为后来永川二中的前身。

（三）中华人民共和国成立后学校的变迁

由于大部分学校为私立，且办学经费多是依靠庙会、慈善会和几位大中地主田产作为常年经费，而中华人民共和国成立后土地被分给了农民，等于掐断了办学经费，因此在转制的过程中出现了短暂的停办潮。比较可惜的是持续了几百年的罗氏宗祠学校被停办。其他中小学虽然保留了，但微薄的学费无法支撑正常的教学活动开展，大量老师离职，学生也大量辍学。松溉的中小学教育秩序直到20世纪50年代中期才逐步恢复正常。到了20世纪50年代后期，私立学校基本上被废除，私塾告别了历史舞台。

小学方面，松溉的3所小学由新政府接办并更名。寿尊寺小学更名为松溉镇小学，达明小学改名为松溉三小，新街子小学改称松溉镇第二小学。除了松溉镇小学（一小）在过渡期相对比较稳定，其余两所学校都经历了短暂的停办。新街子小学在1952年更名为松溉乡小学复办，1953年又更名为新华小学。达明小学（三小）于1956年与松溉镇小学合并。1961年，利用三小的旧校舍，开办松溉镇人民小学。1985年，新华小学部分班级并入镇中心小学（一小），至此，3所民国时期建立的小学合并为一个小学，统称为镇中心小学。2000 年始，松溉开始严格实施九年义务教育，小学辍学率在过去 20 年基本为零。

中学方面，原精诚中学、松江中学合并，改名为松溉私立联合中学（简称松联中学），校址在当时的禹王庙。1950 年冬召开的校董会，将松联中学改名为松溉中学，学校转为民办公助，经费由镇工商户筹募。1951 年开始招生，当时就读学生约 200 人。当时教职员工待遇以实物计酬，校长月给大米 320 斤、教师 280 斤、职工 180—220 斤。1952 年春，政府对工商业者开展“三反”“五反”运动后，学校经费无法筹集，转为政府接办，更名为四川省永川县第二初级中学校。1956 年，开始招收高中班，更名为四川省永川县第二中学校（简称永川二中）。1983 年，该校试办职业技术教育。1984 年，学校改制为重庆市永川松溉农业中学。1992 年，永川县撤县建市，学校更名为四川省永川市松溉农业中学。1997 年，重庆市成为直辖市后，又更名为重庆市永川松溉职业高级中学。现在学校校址为塘湾街口与坳上街交会处。

幼教方面，直到 1968 年，松溉才有了第一个幼儿班，但仍无幼儿园。当时，在松溉一小、二小、三小设立幼儿班，标志着松溉镇的学前教育拉开了序幕。直到 1990 年，松溉镇才有了第一家幼儿园。幼儿园的校址在水井湾桂花园（最初为温家大院，20 世纪 50 年代作为粮站）。同年 9 月，幼儿班从各小学搬迁至新校址。2000 年 7 月，撤销松溉公办幼儿园，兴办民办中心幼儿园。幼儿园转变体制由社会办学方式解决师资。2007 年，调整农村幼儿园布局。调整后，松溉镇有中心幼儿园 1 所，村级幼儿园 9 所，均属集体性质。目前，镇区的幼儿园已经迁址，从水井湾桂花园迁到了新街区原消防大队的院子。

图 2.46　现在的松溉幼儿园

六　宗教空间的变迁

信仰文化是各民族存续时间最长的文化，无论东方，还是西方，大部分族群都有一定的信仰，信仰文化已经深深地扎根和融入民俗文化中。在传统聚落空间格局中，承载人们精神信仰功能、供奉着抽象化的神像的宗教场所被视为神圣空间，一般位于聚落空间之中心或者高地。在世界各具特色的族群聚落中，村寺共生是一个普遍的现象，在我国的西部及西南的少数民族聚居村落亦是这样的结构。

从前面提及的松溉古镇的街巷变迁中可以看到昔日的街巷布局中几乎每条街道都至少有一个庙宇，譬如新街子的土地庙、清洁寺，观音阁街的观音庙，半边街的灶王庙，文昌街出入口与半边街的交界处的文昌宫，正街的天后宫、玉皇观等。松溉古镇的宗教庙宇在过去200多年的历史发展过程中历经了兴起—繁荣—衰落—复兴的过程。

（一）兴起阶段：清乾隆年间

这不得不回溯“湖广填四川”的历史。自宋元以来，连年的战争导致巴蜀大地人口大量损伤和逃亡。至宋末元初，四川人口从600多万骤降至不到80万。[①] 明末清初的巴蜀之地，更是满目疮痍，荒野千里。这一时期张献忠率领的农民起义与清军官兵的战争，再加上自然灾害与瘟疫，使这片土地生灵涂炭。据李世平先生的研究，清初巴蜀地区本地人口仅存50多万。[②] 为了振兴巴蜀，清初政府实施移民入川鼓励政策，包括招募垦荒、提供生产资料等。这一政策极大地鼓励了南方几省的农民过来垦荒。据岳精柱的推算，自康乾以来，重庆清代移民及其后裔总人口的比例在70%。[③] 在这样的背景下，作为川东一个长江码头的松溉场镇也自然吸引了大量的移民，像文昌街陈家大院的先祖陈朝钰籍贯是湖南，松子山街的罗家祠堂的先祖也是从外省迁徙过来的。

大量移民的迁入形成新的聚落空间，新的文化共同体。这些移民也同时带来了他们各自家乡的文化，特别是习俗文化。这些移民到了新环境，往往也将原籍地方的神祇带了过来。新移民修庙建寺，祭祀供拜，以寄托他们的思念，在人类学上称为“乡梓记忆”。

从松溉宗庙的修建时期可以判断松溉场镇在乾隆时期开始兴起，因为松溉的宗教场所多数在乾隆、道光年间修建。松溉不少老人对这些宗庙仍有清晰的记忆，老茶客们对宗庙的记忆甚至比《永川市志·松溉镇志》的记录还要详细。在已出版的文献材料中，普遍的说法是“九宫十八庙”，而接受我们采访的一个75岁的老人甚至给我们直接默写了34座宗教建筑：八景宫、南华宫、紫云宫、文昌宫、禹王宫、东岳庙、新宝顶、川主庙、痘母庙、灶王庙、高庙子、老官庙、杜康庙、天后宫、王爷庙、城隍庙、白云观、关帝庙、万寿宫、水神庙、玉皇观、清洁寺、石佛寺、

① 李世平：《四川人口史》，四川大学出版社1987年版，第132页。

② 同①，第155页。

③ 岳精柱：《“湖广填川”历史研究》，重庆出版社2014年版，第61页。

归山寺、寿贞寺、妙元寺、华龙寺、蛮观寺、彭音阁、观音阁等。

紫云宫是清代修的最后一座庙宇，于1908年落成，坐落于水街子临江的山丘上，与古县衙相对，是中码头的一处地标，也是迄今若干宗教场所中保存最完整的建筑景观。

（二）民国时期的宗教场所和仪式

松溉场镇经济最繁荣的时期也是其宗教信仰文化最发达的时期。虽然到了民国时期，松溉已经没有像乾隆、道光时期那般大兴土木修建宗教场所，但宗教仪式的隆重程度超过了清代。民国时期添的两个宗教场所——一家是佛子寺，另一家是八景宫，一佛一道，在某种程度上也说明了松溉宗教信仰主要是佛、道二元鼎立，多种宗教并存的信仰体系。佛子寺亦叫新宝顶，这个别称有些向大足的宝顶山致敬之意，也让人看到兴建佛子寺庙的修建者弘扬佛法的诚心。八景宫是松溉20世纪修的最后一个庙宇，始建于1939年，该庙来源于威远县的静宁寺，所供女神据说是该地女巫朱二婆。当时寺主管人之一是清末松溉唯一留学日本早稻田大学的留学生黄瑞麟。

为什么说20世纪头40年的松溉的宗教文化最繁荣呢？一是宫庙密集，大大小小的宗教场所加起来有30多个；二是仪式极为隆重。松溉场镇26条街道中，越是繁荣的街市，其各类型的宗教庙宇越多。这说明宗教庙宇的发展与商业联系是非常密切的。正街是当时档次最高级的一条商业街，一条几百米长的街道，宗教场所几乎占了一半的空间——有超规格的城隍庙（一般县以上的行政区域才有），还有禹王宫、天后宫、万寿宫、清源宫、杜康庙、王爷庙、老官庙、玉皇观。松溉的宫庙多是本土信仰的产物，称“宫”的一般是道教的道场，称“庙”和“寺”的一般是佛教，但此佛教是本土化的佛教，里面供奉的神像多承担着场镇居民求子、求财、求安等需求的观音、财神或其他行业神。

中华人民共和国成立前，大大小小的宗教仪式是场镇居民的日常生活空间的一部分，特别是逢年过节及宗教节日是场镇最热闹的日子。每逢农历初一和十五，家家户户都要给家中的祖宗牌位上香。给香炉上香前，要摆贡果，还要供上荤菜和米饭。祭拜神明之后，全家共吃斋饭。当时做生意的多供关公像（这是广东、福建一带的习俗）和观音像，关公象征着财神，观音则保平安。古镇的观音庙有好几处，一是观音阁街的观音庙，一是镇区也即现在建设路与菜园路交会处的观音阁。民间与观音相关的节日众多，比较具有代表性的有3个：农历二月十九日观音诞辰、六月十九日登莲台、九月十九日传妙道日。每逢这些节日，街上的信众们都连夜排队到供奉观音的庙宇去抢头炷香。

在众多节日仪式中，最热闹的仪式是东岳庙的农历三月二十七日的神会。东岳庙的庙会在中华人民共和国成立前年年必办，庙会资金来源主要由商会牵头，由各行各业出款承办。镇公所历届镇长和知名人士陈海门（商会第五届会长）、秦玉权（松溉第一富商）、温崇和、邓会嘉等都担任过庙会名誉会首，镇保安队负责治安。在2010年《永川市志·松溉镇志》编纂委员会搜集的一手材料中，有生于民国时期的老人回顾了当时东岳庙东皇大帝诞辰日仪式节前、节时及节后的场景。

为庆贺东皇大帝生日，主要街道要张灯结彩，街心用竹木支撑，用白布覆盖（象征“瞒天过海”），让东皇出游。大街小巷，各家各户门前也要悬挂各色灯笼。主街灯彩中，有走马灯，戏剧灯，花鸟灯，龙、鱼、虾、水上灯，五颜六色，由每家出钱，制作精美，入夜灯火通明，奇光异彩，引人注目。四周乡民及游客上街观灯，男男女女指东话西，十分热闹。有的商家，放出动听的留声机唱片，使人好奇止步，乐而忘返。观灯从三月二十日起，到月底结束，历时十天。

为庆贺菩萨生日，庙会还要请川戏班子唱戏，资金由各商号出资，或从赌场抽头点戏，一般年辰要前后唱一个月。1946年，请来成都娃儿班，在中码头河边搭台唱了40天，第二天唱目连戏，全戏大幕就唱48天，一天三场，看戏不用付钱。川剧名角赵瞎子、吴晓雷、陈书舫、周企何、周裕祥、当头棒、东方髡、肖云华、风兮凤玲，以及永川的云中凤、竹燕等多次来松溉参加表演。泸州、江津、白沙、油溪、朱沱等地客商和票友都专程跑到松溉来听戏。在长江往来的大盐船、糖船、煤炭船、载酒船每天停靠松溉码头的多达100只以上，船工们白天看戏，夜晚观灯参赌，好不热闹。

三月二十七日，四周乡镇民众一大早就纷纷前来赶会和走亲访友，各商家放鞭炮接待宾客，餐旅馆、酒店、茶馆，处处爆满，近万人口的古镇，年年会期都有突破三至五万人次的外地信徒和来客。外地来的龙灯、狮子队伍及花鼓、清唱、杂技、魔术等艺人，在正街、河坝表演，收益不薄。新街子、观音阁、黄桷树、栀子铺、玉皇观、神仙口，以及上、中、下三个码头，公开设的赌场多达30多处，处处被参赌者围得水泄不通，保令高叫声、牌九翻牌声、做子掷碗声，吸引着贪利的赌徒。

在庙会上，信徒参拜、进香、上果，鞭炮不断，大帝生日要起驾出游。下午一时，主持执行会首宣布东皇大帝起驾，礼炮轰鸣20响，早在外面等候的出游队伍，接到顺序牌子，挨次序出游不乱。走在最前面的，是由四人抬的两口道锣开道，接着是由力行帮组成的仪仗队，手举二十八宿和龙凤、日月大旗。不计其数的香桌古董，也被抬出来亮相。名誉会首、镇长随行其后。外地、本镇、各商号以及个人的龙灯狮子、花灯花船、钱枪花鼓走向正街，时间过了两点，游街队伍才算排队走完。东皇大帝和娘娘行身，才由执行会首起驾抬出庙门，交给穿着黄色马褂的抬工。这时鞭炮齐鸣，整个庙门烟雾弥漫，信徒两旁跪拜，菩萨坐着八人大轿，接上队伍，戏班子生、旦、净、末、丑和男女信徒紧跟其后。接着是街道两旁住户和成千上万人的参拜，沿途敲锣打鼓，燃放鞭炮，迎接菩萨的到来，场面神气严肃。出驾队伍到了新街子土地庙（离东岳庙5千米），稍休息后，出游队伍陆续解散。抬工抬着菩萨缓缓返回庙内，继续接受香火参拜。

当晚，在正街玉皇观或河边燃放烟火架，火中有戏剧人物及龙、猴、鱼等动物形象在空中展现，围观者个个惊赞不已。三月底，庙会大的活动才算停止。

松溉各行各业通过盛大庙会，各种生意特别火爆，为答谢远方买卖客商，就将古镇土特产盐花生、豆豉、豆油、麸醋、盐白菜、芽菜等作为回敬礼物，由此古镇土特产在全国各地早有名气。①

从这段东皇大帝庆生仪式的回忆材料，我们可以得到这些信息：一是中华人民共和国成立前重要的神祇的生日是当时人们一年之中最热闹的节日和仪式，从上到下，从精英到民间社会，人人参与且极其重视；二是这些节庆文化和宗教仪式有极其严谨的组织和结构体系，每个环节复杂精妙且富有象征意义；三是当时这些宗教节日不仅是人们对传统信仰文化的继承与实践，更是一个经贸活动的大集会，不啻“文化搭台，经贸唱戏”的民国版本。

（三）中华人民共和国成立后的宗教场所

松溉绝大多数修建于 18 世纪的宗教场所本是各地移民寄托乡愁的一种社会空间遗产，中华人民共和国成立后，宗教空间成了损失最大的职能空间。当地的老茶客们说松溉宗教场所的破坏主要经历了三个时期。第一阶段是中华人民共和国成立初期。新政权稳定后，开始了在经济、思想、文化等领域的改造。1951 年“土地改革运动”开始，当时全镇有 54 户祠堂庙宇，占有土地共 2962 亩，约占全镇可耕土地的 16.5%。② 这些宗教场所的田产被充公，僧人队伍被解散并清除出寺庙，僧舍及土地则分配给无地的农民。一个中等规模的寺庙少则三四户居民居住，多则

① 《永川市松溉镇志》编纂委员会编纂：《永川市志·松溉镇志》，2010 年版，第 301—303 页。
② 同①，第 73 页。

十几户人家。古县衙附近的老官庙就安排了十几户人家居住。这一时期，新宝顶（佛子寺）等少数几个寺庙被毁。第二阶段是1958—1959年的“大跃进”时期。这一时期，中共中央发出“大办人民公社”的号召，松溉这一年也成立了公社，下辖72个生产队，2367户。[①] 当时公社实行政社统一、工农兵学商五位一体，组织军事化、行动战斗化、生活集体化、管理民主化、生产资料归公社所有等。特别是1958年5月，中共八大二次会议提出了工业上“赶英超美”的目标，为了响应工业化需求，全国各地“大炼钢铁”，由于乱砍树木，导致这一时期我国生态环境遭到严重的破坏。松溉在“大跃进”时期也积极响应了“大炼钢铁”的号召，因临江，林木资源缺乏，故一些破旧无人居住的宗教场所的木头房子的木料被拆卸了用来当炼钢的柴火。第三个阶段是“文化大革命”时期。“文化大革命”后保留下来的宗教场所不到5所。有的寺庙被毁得连断壁残垣都不剩，譬如始建于民国时期的八景宫。

从东岳庙过去几十年的遭遇我们可以更为清晰地窥探中华人民共和国成立之初30年渝西古镇宗教场所的破坏过程：中华人民共和国成立后，因庙会活动被认为是封建迷信产物，被完全禁止。1951年，成渝铁路需要大量枕木，东岳庙的大香樟树被砍伐一半。1955年，庙内需扩大办学，所有大小菩萨被销毁。1958年因大炼钢铁需要，庙外大小树木全被砍光。

改革开放后，“拨乱反正”的政策也包括恢复以前宗教空间的职能，残存的几个宫、庙这个时候才得以被保护了起来，不再遭受破坏。但那些20世纪50年代被分配作私人住宅的宗教场所因为人们的迁徙和自建房等需求而变得面目全非。譬如黄桷树北端口的灶王庙就是在20世纪90年代被毁的，如今仅留存石门的痕迹（图2.17）。在镇中心的几处规模较大、建筑较阔气的宗教场所则经历了空间职能的多次转变。位于现在横街子的南华宫早在1933年改建为当时松溉商会、团局机构的办公会所，全面抗日战争时期又成为宋美龄牵头的新运纺织厂的厂址，中华人民共和国成立后更改为松溉镇政府办公地，1990年后又改为医疗站，如今是

① 《永川市松溉镇志》编纂委员会编纂：《永川市志·松溉镇志》，2010年版，第76页。

松溉镇居民委员会所在地。在多次职能变迁过程中，南华宫的主体建筑基本被保留了下来，直到 1995 年因房屋破损严重而被拆除，现在南华宫的原址基本上看不到原始空间格局和建筑特点。位于正街的禹王宫，其空间职能也历经了多次变迁。这幢建筑最初为湖广籍人的会馆。1938 年，内迁的中山中学曾一度迁于此处。1941 年，中山中学更名为松溉精诚初级中学。“文化大革命”期间，又成为松溉镇革命委员会的所在地，还一度为永川第二中学的教工宿舍。原来的禹王宫曾设有戏台，“文化大革命”时期被拆除。现如今的禹王宫原址重新被开发利用，秦家大院（民宿项目）正在修建。但对于这一空间改造，古镇的老街民颇有微词。

（四）发展旅游背景下的宗教空间

随着松溉古镇自 21 世纪转型为以旅游经济为主，代表性的宗教场所被重新包装，成为古镇空间的地标景观。2002 年，松溉镇被评为“重庆市十大历史文化名镇”。发展旅游成了这以后每届镇领导班子的共识。松溉整体规划和开发始于 2003 年。这一年，新一届政府提出打造“旅游名镇”的目标，成立专门旅游开发机构——松溉古镇旅游开发中心，由此拉开松溉古镇旅游业的序幕。从 2005 年开始，镇政府多方招商引资募得资金 2500 万元，着力打造明清休闲一条街等景观，传统的信仰文化在旅游开发的大背景下被纳入了民俗文化的范畴，部分祠堂和庙宇作为文化景观被重新发掘和翻修，这里面幸运得到资本垂青的有罗家祠堂、陈家大院、古县衙、东岳庙、清洁寺等。代表性宗教文化景观的第二次翻修是由 2020 年的“松溉古镇综合开发项目”带来的契机。这个项目是重庆市永川区总投资 66 亿元的区级重点项目的重要组成部分，主要打造古镇核心区，建设一条长街、二潭映月、三山听海、九宫别院等。其中，九宫别院支项主要是恢复古县衙、紫云宫、东岳庙等古镇“九宫十八庙”，建筑面积总共约 5000 平方米。

2022 年 1 月 27 日，松溉古镇经过 3 年的保护修复后正式开街。经过翻修和重建过的“新宫新庙”与中华人民共和国成立前的相比，在建筑外观上要宏伟得多，里面的装饰及神像则精细得多。以近 3 年重建的玉皇观与半边街残存的石佛寺对比，不难有这样的观感。这些迎合文旅需求大兴土木的“新空间”成了松溉古镇的新地标，游客借助抖音、快手这类短视频平台为这些“新空间”增添了许多关注度。但对于本地人而言，新建的玉皇观已经不是他们认识的玉皇观，他们认为就是一个旅游产品。

在旅游振兴背景下，“九宫十八庙”被重塑，变成了游客打卡的旅游景观。宗教仪式也“复活”了，不过它换了一种形式，演变成一种展演仪式或游客的文化体验项目。譬如东岳庙庙会，在农历三月二十七日的东皇大帝诞辰日时，以前会抬着东皇大帝和观音像从东岳庙走到新街子的川主庙，大概 5000 米；而今的仪式换成了宴席——在东岳庙做九大碗宴席，参加庙会的人每人只需要交纳 15 元即可入席。显然，宗教仪式在新时期已然祛魅，演变成了文旅项目。这种转变是否算仪式文化适应时代的一种创新，见仁见智。

表 2.2　宗教场所和祠堂存续现状

名称	宗教类型	年代	所在地	保护情况
川主庙	本土宗教	清	新街子	毁
清洁寺	佛教	清光绪年间	新街子	翻修
观音阁	本土宗教	清	观音阁街	毁
灶王庙	本土宗教	清	黄桷树街	毁
石佛寺	本土宗教	清	半边街	半损毁
文昌宫	本土宗教	清	半边街	毁
高庙子	本土宗教	清	半边街	毁
土地庙	本土宗教	清	解放街（文昌街）	毁
南华宫	道教	清嘉庆年间	西大街（横街子）	毁
妙元寺	本土宗教	清	西大街（横街子）	毁
玉皇观	道教	清	正街	存（完整）
城隍庙	本土宗教	清乾隆年间	正街	毁

续表

名称	宗教类型	年代	所在地	保护情况
禹王宫	道教	清	正街	毁
天后宫	道教	清	正街	毁
万寿宫	道教	清	正街	毁
清源宫	道教	清	正街	毁
杜康庙	行业神	清	正街	毁
王爷庙	本土宗教	清	正街	毁
老官庙（古县衙）	本土宗教	清	正街	毁
水神庙	本土宗教	清	临江街	半损毁
土地庙	本土宗教	清	临江街	半损毁
寿尊寺	本土宗教	清	镇区	毁
东岳庙	本土宗教	明崇祯二年（1629）始建，清乾隆初年扩建	镇区（职中附近）	毁，改建
观音阁	本土宗教	清	镇区	毁
关圣殿	本土宗教	清	镇区（松溉职中）	毁
彭音阁	本土宗教	清	镇区	毁
紫云宫	道教	清末	水街子	存（完整）
白云观	道教	清	青紫山	存（完整）
痘母庙	本土宗教	清	镇区	毁
归山寺	佛教	清	镇区	毁
华龙寺	佛教	清	镇区	毁
蛮观寺	佛教	清	镇区	毁
寿贞寺	佛教	清	镇区（松溉小学）	毁
龟山寺	佛教	清	镇区	毁
佛子寺（新宝顶）	佛教	民国	镇区	毁

续表

名称	宗教类型	年代	所在地	保护情况
八景宫	道教	民国	青紫山	毁
罗家祠堂	祖宗	清	松子山街	重建
张家祠堂	祖宗	清	塘湾街	毁，重建
樊家祠堂	祖宗	清	正街	重建
游家祠堂	祖宗	清	黄桷树街	重建中
陈家祠堂	祖宗	清	观音阁方家湾	毁
陈家祠堂	祖宗	清	镇区大阳沟街	存

（根据彭天佑老先生口述绘制）

附录 1：松溉现存的宗教场所

（一）清洁寺

位于新街子的清洁寺是一座禅净双修的尼众寺院。据载曾有一批在家信众及带发修行的清修女在此念佛结社，日久经深，应大众需求，遂建成经堂一座，由高洁清修，故因此有清洁寺一名。

寺内保存有一尊明代的释迦牟尼石雕像。这是目前松溉保留最古老且形体完整的佛像。

2002 年翻修，寺院布局以四合院形式组成，占地 2000 多平方米。

清洁寺坐落于永松公路一侧

清洁寺的大雄宝殿

清洁寺的僧舍区

（二）玉皇观

修葺一新的玉皇观 360 度的建筑内景

玉皇观的俯视图

玉皇观大殿外部图

玉皇观烧香处

玉皇观内部观顶图

（三）石佛寺

半边街的石佛寺是目前保留下来的宗教遗址中唯一能看到清末民初的小型宗教场所状貌的小庙。从建筑物外观和里面的供奉像可以看出民间捐资的小庙宇是比较简陋的。观音信仰和财神爷信仰是巴渝地区民间信仰的两大主流。

石佛寺财神像

石佛寺观音像

（四）罗府宗祠

位于松子山南段的罗氏宗祠是目前重庆市保存最完整且规模最大的宗祠。始建于明朝初年洪武年间，由清乾隆年间罗家十四代孙罗文思主持修建完成。匾题“罗府宗祠”为乾隆年间时任八抚巡案所题，该匾于“文化大革命”时被毁。

20 世纪六七十年代，罗府宗祠曾作为国家粮仓。20 世纪八九十年代曾作为镇政府办公室。直至 2004 年，松溉被批准为国家级历史文化古镇，罗府宗祠才被作为历史文化景观受到重视和保护。2006 年，罗氏后人出资，在原址上恢复重建戏楼和厢楼，并恢复“罗家清明会”的仪式。现罗家祠堂成为松溉古镇松山街一个地标性的打卡景观地。

罗府宗祠全景图

罗府宗祠内部图

（五）张氏宗祠（重建）

张氏宗祠外貌图

七　休闲空间的变迁

探讨这座渝西古镇的休闲空间的景观变迁，茶馆是一个绕不过去的符号。

现在川渝以外的人提起成都和重庆多有如此印象：安逸。俗语所说的“少不入川”被“现在时”的人们解读为是因为巴蜀太过安逸怕会磨灭了年轻人的奋斗激情和意志。这个“安逸”在川渝文化结构中的一个表征体现在他们的茶馆文化。

茶馆对于川渝人民而言，是公共生活空间的一个重要组成部分。据《成都通览》载，清末成都街巷计516条，而茶馆即有454家，几乎每条街巷都有茶馆。1935年，成都《新新新闻》报载，成都共有茶馆599家，每天茶客达12万人之多，而当时全市人口还不到60万人。重庆这座山水之城的茶馆数量比成都还要多。据1947年的重庆《新民报》记载，“方圆不到9平方千米的半岛的城区，就有茶馆2659家之多”。这说明了茶馆对于川渝人民是不可或缺的。

（一）中华人民共和国成立前的茶馆

中华人民共和国成立前松溉古镇人口上万，大小街巷26条，茶馆多达30多家，茶馆的分布密度在重庆同级场镇中应是数一数二。

1. 松溉茶馆的类别

松溉的茶馆主要聚集在上、中、下3个码头及文昌街、正街、临江街等重要的商业街市。这些茶馆有商业性茶馆、袍哥开设的社交性茶馆，还有一般性的大众茶馆。

（1）商业性茶馆。白酒、干果、花纱、烟草、药材、鞭炮、牲畜等行业和大小力行（搬运行业）都有自己行会指定或约定俗成的为行业从业者提供联络交流职能的茶馆。譬如，文昌街与西大街交会处的宋氏茶馆为酒槽行业从业者交流信息甚至谈买卖交易的地方，宋家三辈人在此经营。每天，附近油槽坊的经营者用骡马、黄牛运来自家酿的粮食酒至文昌街附近销售，宜宾、乐山、贵州等地客商看货、挑货，最后到宋氏茶馆喝茶讨价还价和敲定买卖。神仙口街吴东林开的茶馆，是药材铺老板们扎堆的地方，来自重庆、泸州、白沙、成都采购中药材的老板在吴家茶馆打听行情及辨别药材，类似于今日期货市场买方卖方的信息平台。

（2）袍哥经营的茶馆。中华人民共和国成立前，松溉4个堂口都有袍哥自己的茶馆，分别取名“仁”“义”“礼”“信”。这类茶馆多为社交性质，平日松溉的头脸人物和公子哥喜欢在这类茶馆打发时间。其中，最高级的是挂“仁”字大旗的大同仁茶馆，地点在辖湾街中心区。听松溉老茶馆的姚老板说，那个时候，进这类茶馆喝茶有很多规矩。茶位的座次相当讲究，上位、中位、下位与茶客的身份地位相互对应。上位的位置是面向大门，旁边两座为中位，而背对大门的则是下位。一般老者和社会威望高者进入茶馆，下位者要起身迎接，恭请尊者到上位敬坐。同行者再根据各自的职业声望和社会地位依次选择自己是坐横旁（上位的左右两方）位还是下位。① 其余3家袍哥经营的茶馆兼有黄、赌、毒的性质。收益最好的一家茶馆名松鹤龄，位于上码头十字路口，由“义”字派袍哥掌舵，历经3任老板——尧鹤生、张光禄、何晚樵。他们红黑通吃，暗做鸦片烟生意，且每年组织庙会唱戏，为有钱人提供服务。而“礼”字派经营的松柏长茶馆和“信”字派的松永青除了经营赌场，还附设烟馆，并且招留妓女为公子哥及上下船工、后山马帮等提供服务。

（3）大众茶馆。松溉除了针对批发商的商会茶馆及袍哥经营的茶馆，还有针对小商贩和普罗大众的廉价茶馆，可以说照顾到各个阶层的需求。镇上比较受欢迎的是赖家、高家和尧家开设的茶室，这些廉价茶馆多内设旅馆，方便远途的脚夫和商客住宿。除此，茶园坝的牲畜市和玉皇观粮食市的多家茶馆亦颇受当地人的欢迎，这些茶馆为松溉场镇及附近农村过来赶场进行买卖猪牛及运贩米粮的人们提供了歇脚的便利。

2. 茶客的类别

王笛在描写成都茶馆的客人身份时用了两个词来总结，一是“有闲阶级”；二是“有忙阶级”。“有闲阶级”是指那些地方文人、退休官员、有钱寓公或其他社会上层。“有忙阶级”指的是不得不为生计而工作的人。茶馆里的“有忙阶级”可以分为三类：一是将茶馆作为舞台，如评书和戏曲老人；二是借茶馆为工作场所，如商人、算命先生、郎中及手工工人；三是以茶馆为市场，如小商小贩、待雇的苦力等。② 在社会主义改造前的松溉茶馆基本上与大城市的茶馆一样，囊括三教九流。不同阶层的人选择对应其身份地位的茶馆，各取所需。地方官员、有钱的商贾进的是大同仁这类的高级茶馆，类似于现在所说的高级会所，没钱的则到赖家、高家等廉价茶馆，来松溉做生意的生意人则选择去各自行业约定俗成的交易地点的商业茶馆。

3. 茶馆的角色

昔日的松溉茶馆在人们日常生活空间中可以说是最重要的公共空间。

---

① 口述者：姚老板；采访地点：松溉古镇上码头松溉老茶馆；采访时间：2022年6月3日。

② 王笛：《街头文化：成都公共空间、下层民众与地方政治，1870—1930》，李德英等译，中国人民大学出版社2006年版，第133页。

茶馆对于促进当地的商业文化、娱乐文化繁荣起了重要作用，甚至还充当了解决民间人际关系矛盾及维护当地基本社会秩序的调解人角色。

（1）商业交易场所。如前面“茶馆种类”所提到的中华人民共和国成立前30多家的茶馆中至少1/3是商业行会的联络场所。当时松溉行业商会多达15个，囊括纺织业、酱园业、染坊、叶烟业、花纱业、药业、竹编业、鞭炮业、木业等，其中手工作坊多达60余家，从业手工艺人近300人。[①] 商品要交易必须有个交流的平台，狭窄且喧哗的街道显然不适合磋商和商业合作。国人讲究体面，若客商远道而来，还需给人创造宾至如归的感觉，以使双方的合作得以绵延不绝。无论买方，还是卖方，双方都需要茶馆这样的公共空间进行深入的交流。用现代的概念来理解，民国时期的茶馆的商业交易平台角色类似于当今的期货交易平台。彭天佑回忆，他经营油槽坊的姥爷和管账几乎每天都要到同一条街上宋耀亭开的茶馆里去和外地来的客商见面。价钱的谈判及最后的成交大部分是在茶馆完成的。如果做成一桩大买卖，还得请客商到高级茶馆去喝杯茶看个表演。可以说，没有茶馆，松溉的工商业在20世纪三四十年代绝对不会那么繁荣。

（2）娱乐场所。20世纪三四十年代的松溉依仗着水码头的交通枢纽的地利迅速发展成了繁荣的场镇，诞生了一批中产阶级。商业的繁荣自然催生了人们的娱乐需求。作为唯一的公共消遣空间——茶馆自然而然成了娱乐文化的服务方。那时的松溉比较大的几家茶馆隔三岔五邀请些著名艺人来松溉表演，比如“义”字派的袍哥掌管的松鹤龄茶馆常邀请四川金钱板名艺人邹忠新来打金钱板；“仁”字派的大同仁茶馆则请“清音”名角陈书舫常驻；泸州评书名嘴周吉安常来上码头的正义茶馆和塘湾街宏达茶馆说评书。评书最为普罗大众欢迎，若这个评书人讲得精彩，茶馆就会被围得水泄不通。一般说一部长篇历史小说要一两个月，表演时间为每日下午和晚上两个时段。一个好的评书人甚至可以挽救一个濒临倒闭的茶馆。另外还有唱花鼓戏的、唱道情的、唱木偶戏的、说相声

---

① 《永川市松溉镇志》编纂委员会编纂：《永川市志·松溉镇志》，2010年版，第119页。

的、讲圣谕的，其内容均为忠、孝、节、义一类的故事。可以说，茶馆兴盛的年代也是松溉人的娱乐文化最繁荣的时代。

（3）民间纠纷处理场所。在民国时期，中央权威难以有效控制乡镇这一层级，法制仍未健全，整体社会较为松散。政府弱意味着民间社会的自治能力比较强。因是水码头，松溉的人口构成比以农业为主的乡镇要复杂一些，故社会秩序的不稳定因素自然也多些。对于普通百姓而言，日常摩擦难以避免。若上公堂，不仅费时还恐会面临酷刑。所以，一般打架斗殴、夫妻感情破裂、父子决裂等民事纠纷，松溉人的处理方法是请当地的威望人士，也即韦伯说的“克里斯玛”① 出马，把矛盾双方约至茶馆。充当“裁判官”的老者或袍哥坐上位，其他人坐横旁和下位，在茶馆里公开解决。谁输谁赔礼道歉，而且输方还得付到会人员的茶钱。这种处理方式从某种意义上相当于现在的法院角色。“到茶馆解决民事纠纷”这种民间习惯法的方式一直持续到 20 世纪 50 年代初——1952 年“土地改革”后袍哥组织解散和乡绅、地主被“打倒”后逐渐消失。

（二）中华人民共和国成立后的茶馆

据古镇老茶客们的说法，松溉古镇的茶馆在 20 世纪 60 年代开始衰落。中华人民共和国成立后头几年，松溉整体的社会环境还是比较宽松的，茶馆的功能和角色这时仍和中华人民共和国成立前差不多。但进入 1956 年，“社会主义改造”从松到紧，各个阶层的人开始洗牌，原来常光顾茶馆的“有闲阶级”这一时期成了“社会主义改造的对象”。1958 年，全国实行公社化，原工商阶层的生产资料等归国家和人民公社所有。1959—1961 年的“三年自然灾害”等灾难致使场镇原来活络的工商业进入休克状态，作为休闲场所的茶馆因为持续的经济不景气进入了萧条期（20 世纪 60—80 年代）。陈家大院的第四代后人彭天佑回忆说，20 世纪

① 克里斯玛（Charisma 音译），意为魅力型领袖。这一概念是马克思·韦伯在 1922 年出版的《经济与社会》一书中提出的。他将政治领导的权威类型划分为了三种：传统型权威、法理型权威和克里斯玛型权威。克里斯玛型权威以领袖的超凡禀赋来获取追随者的认同拥戴，从而得到其合法性基础，因此也称为个人魅力型权威。

60年代时，他甚至连5分钱一碗的茶都喝不起。这一时期，松溉的茶馆以“公营”的性质出现，有建筑大队、文工团等团体经营的茶馆十几家。茶客们主要是当时公社的管理者、赶场的老百姓和码头的挑夫们。据老茶客们的回忆，当时古镇的茶馆有十几家：正街有3家，坳上街有1家（残联经营），上码头有3家，现在的西大街口有一两家，新街子三四家。镇上的“30后”“40后”的老人仍记得5分钱一碗茶的价格持续了二三十年，直至20世纪80年代，一碗盖碗茶的价格才涨到8分钱。

改革开放后，随着计划经济向市场经济的转变，茶馆的经营所有权又从“公家的”转为了“私人的”。从1979年始，国家实行“改革、开放、搞活”的方针，采取国营、集体、个人相结合的形式办企业，以多种所有制并存代替单一的公有制经济结构，这个沉寂多年的曾以工商业繁荣闻名的水码头的民营经济才开始活络了起来。20世纪90年代，县域的商业领域开始试行私有化，原公社（乡镇）、大队所办的企业逐步允许被私人承包和买卖。在这个大背景下，古镇公营的几家茶馆被私人买了下来，转型为私人经营。

1998年，40岁的吴平聪买下了建筑茶馆（原所有权归当地建筑公司），这标志着茶馆重新易手为私人经营。茶馆有上下两层楼房，一层面积200多平方米，能放置二十七八张四方桌。当年他花8.8万元从建筑公司买下。1998年掏出8.8万元对于小镇居民而言是不容易的。这笔资费是他老丈人李树清赞助的。老丈人李树清的这笔赞助费是他自20世纪四五十年代就开始做小本生意积攒下来的。“30后”的老丈人小时候感受过松溉茶馆的光辉时刻，对茶馆有着深厚的感情。听说政府出售这些集体企业所有权的茶馆，几乎将自己所有积蓄给女婿盘下了这家茶馆。

吴平聪的向阳茶馆于1998年5月开业。几个月后茶馆斜对面开了一家孔老五茶馆，另一家开在西大街。当时，一杯盖碗茶卖5毛钱，泡的茶叶主要是清茶、花茶、永川秀芽和沱茶，无论什么茶叶都是一样的价格。直到2003年才开始涨到1元一杯。自2003年以来松溉茶馆的盖碗茶就再没涨过价，现在仍然是1元一杯茶。作为一个普通游客，得知茶位费仅需1元，我还是吓了一跳。进入这些老式茶馆前，我本以为现在喝杯茶至少要5元。我问吴老板为什么涨价那么难。他说他2020年尝试涨价到2元，结果茶客不来了，去了别家，于是不到一个星期他又调回了老价格——1元。这个夭折的调价尝试说明了松溉的传统茶馆进入21世纪后的经营多艰，似也预示着这家经营了20年的老字号不久将结束它茶馆的使命。果不其然，吴平聪作为第一个吃螃蟹的人，他的向阳茶馆在2021年停止了茶馆生意。他说："经营不走了。"1998年茶馆每天收入一两百元，20年后每天只得百八十元，反比20年前的收入少，但物价水平比20年前已是增加了数倍。若不是自家的房子不用房租，经营这个茶馆连人工费都不够付。2020年春新冠肺炎疫情暴发后，生意更是一落千丈。考虑到现在松溉古镇茶馆行业已是高度内卷，2021年他把一楼以年租金1.8万元的价格租给了别人开饭馆，保留二楼开辟为旅馆，招牌从向阳茶馆更名为向阳旅馆。与他同年开张的斜对面的那家孔老五茶馆早已歇业两年。

现在，古镇的茶馆仍有十几家。大部分的茶馆分布在外街（建设路和菜园路），古镇内街（旅游景区部分）这边只有一家仍然对外开放。这家茶馆叫松溉老茶馆，老板姓姚，2021年才开张。茶馆里面摆放着20多张方桌，平均每天过来打牌的老人能坐十来张方桌。每天早晨6点30分到7点间老板就来开门了，因为镇上的茶客基本上都是老人，而老人是早起的人群。现在来茶馆消遣的茶客一般是过来打牌的，打的长条牌叫川牌，也即四川纸牌。这种牌相传是三国时期诸葛亮发明的。这些牌客多是镇上的居民，有的是隔壁农村那些有一千四五百元社保养老金的老人，还有的是早上赶场赚了些钱的小贩。

不管是外街，还是内街的茶馆，收费都是一样的。早上7点到12点为上午场，下午1点到5点为下午场，每个半场一张桌子收10元的服务费，打牌的人的茶位费不另收。打麻将的则20元一桌。这类茶馆，你大抵可以从它里面有几张方桌来判断它的收入水平。一个十来张桌子的茶室，即便在坐满的情况下，一天也就是200块左右。所以，老式茶馆的经营者多是些在家没有什么事情可干又闲不住的老人。开个茶馆，和老朋友们聊聊天，顺便赚点生活费。

图 2.47　松溉茶馆的主要消费群体——过来打牌的老人

比起中华人民共和国成立前的茶馆，中华人民共和国成立后的茶馆其商业性、娱乐性大大降低，调解人的角色功能更是大为弱化，“现在时”的茶馆基本上沦为老人的棋牌室和会客室。

(三) 新型茶馆

作为一个旅游资源型的古镇，还有一类茶馆是专门针对游客而设置的，姑且称为“游客型茶馆”。这家茶馆坐落于古镇的入口处，因临江，故命名临江茶馆。茶馆是由松溉古镇的旅游开发公司出资的，是三层木结构建筑。这家茶馆的内饰很有意思，墙上的标语和贴画走的是怀旧风，这个“旧”是中国 20 世纪五六十年代的流行元素。相较其他省区的旅游开发型的小镇或老街，重庆的“怀旧风”多以红色元素塑造，不知是否与重庆地区乡村旅游的主要消费群体为20世纪五六十年代出生的重庆中老年人有关，这类旅游者的一个共同特征是喜欢跳广场舞，也喜欢感怀他们的青年时光。

游客这个群体使临江茶馆的存在成为必然，作为一个旅游开发项目，临江茶馆是为数不多可以让游客深度体验的休闲空间。只不过，这个体验价有点“贵”——茶位费20元、30元、50元不等，视其茶位的位置，越高的越贵，临江的且靠近窗口的越贵。如果说老式茶馆讲求物美价廉，这个针对游客的新型茶馆则是一种消费升级的生意逻辑——贵有贵的道理。它的对象并非那些讲求实惠的游客，而是非常明确旨在服务那些舍得掏钱、重视旅游体验的游客。据茶馆的店小二方大文说，茶馆的生意淡旺季的营业额相差甚远。在公众假期，特别是春节假期那几天，茶馆天天爆满，每天营业额近万元。平时的日子客人不多，几百元的流水是常态。

外来资本投资的临江茶馆与当地人开的茶馆可以说是双重并置的休闲时空，二者相距不远，却如那象棋棋盘中的泾渭界河，毫不相干——本地人几乎不会踏足临江茶馆，而外来的游客亦罕有踏足本地茶馆的。那日，我和在松溉医院上班的朋友走进了上码头的松溉老茶馆，刚一坐下，立刻收到邻桌的老人们投来诧异的眼神。这个眼神多少让我心里犯了嘀咕，似乎自己闯了不该闯进的空间。尽管那日是公共假期，外面游人穿梭如织，只有个别抬脚进来，拍了两张照片又匆匆离开。我若非为了探寻松溉老式茶馆究竟，我亦不会坐下，事后想来是一种氛围感使外来人望而生畏，不敢跨雷池一步。对于茶馆老板而言，游客该不该来使他们心态复杂：一方面游客来了，他们1元一杯的茶水可卖到5元；但另一方面若游客来了，则会打扰了当地老熟客们玩牌的兴致，毕竟茶馆的生意主要靠这些天天过来耍牌的老熟人。

附录 2：松溉古镇景区内的老茶馆

向阳茶馆老板——吴平聪

向阳茶馆 2021 年已变更为
“陈记汆汤肉”饭馆

20 年前的孔老五茶馆

20 年后的孔老五茶馆

松溉老茶馆

古镇景区人气最旺的茶馆——松溉老茶馆

附录3：松溉古镇新街（景区外）的茶馆

松溉古镇（景区外）路边茶馆

松溉古镇（景区外）室内茶馆

附录 4：针对游客的茶馆——临江茶馆

临江茶馆外景

临江的窗口茶位

一层茶厅

一层结账处

二层楼梯处

附录5：现代的地标性休闲空间——江岸小憩园

上码头江畔边——台坝

上码头江畔边的台坝是古镇人茶余饭后歇脚纳凉的地方，台坝栽有两棵黄桷树，故又称为“黄桷树小广场”。不下雨的天气，早晨七八点和傍晚五六点，这个江边台坝总会围坐着十几二十人。人们在这个江岸小憩园吹着江风摆龙门阵，这是松溉人日常生活空间的一份浪漫。在笔者看来，这是松溉休闲空间的一个最具代表性的景观。若逢八月十五日，江边升起圆月，此情此景与张若虚的那句“江畔何人初见月，江月何年初照人”有异曲同工之妙。

以前水码头繁华之时，人们是难得有休憩的时间的。据一些20世纪八九十年代在码头当过搬运工的老人回忆说，20世纪90年代以前，这里天未亮就挤满了人。那些壮年劳动力在码头寻觅做工的机会，货船一靠岸，挑夫们就赶紧上前询问有多少货、需多少人干活。通常一包一两百斤的货物，需要两三个人抬。那时没有台阶，又窄又滑的坡道穿梭着喘着粗气或哼着“呼儿嘿哟”的挑夫。那时人们聚集在这个坝子主要是打听船靠岸和卸货的信息，为自己的生计获取信源；现在人们聚在这个坝子是对过去生活方式的一种缅怀，是一种身心放松的休息。

小　结

从松溉街道、学校和宗教空间变迁看，松溉的聚落空间最早可溯源至宋代。根据松溉古镇大部分宗教场所和罗氏祠堂等修建年份判断，其近现代的聚落空间形态和范围是在清乾隆、道光年间形成的。这是康乾以来持续100多年的“湖广填四川”的移民带来的空间生产结果。

松溉的第二次空间大生产发生在20世纪20年代至全面抗日战争时期(20世纪40年代前期)，这一时期民族资本家的资本转移至交通便利的小县城、乡镇，重庆作为“陪都”的时代契机为这个场镇带来了新的活力，大量内迁的外省籍知识精英、技术工人和学生等新人口给场镇的商贸经济带来了史无前例的繁荣。松溉的工商阶层这一时期利用赚来的钱买田置业及扩充商铺，这一系列改造使松溉形成了商铺鳞次栉比的“十里长街”的聚落景观。

政权的更迭和现代化进程使传统空间发生了翻天覆地的变化。中华人民共和国成立后，街巷大致保留了下来，只是街名换了，但两边建筑实体的主人及其功能则发生了多轮更替。大户人家和中产的工商阶层大量撤离场镇，他们的田产部分被分给了无房、无地的农民。而那些建筑物较宏伟、空间较宽敞的祠堂和宗庙成了新政权的政府机构、粮站或者学校。进入21世纪，松溉获得了全国文化历史名镇荣誉后，发展旅游的契机又使得传统街道、文化空间和代表性宗教场所成了资本青睐和改造的对象。经过改造后，这些公共文化景观成了松溉当下的地标性景点。

现代公路的落成，致使松溉古镇的空间势力呈现西荣北衰的趋势——中华人民共和国成立前，在松溉的聚落空间中，西大街以外的区域就是荒芜之地。随着永松公路的开通，围绕着公路新修的两条现代道路——建设路和菜园路成了商业聚集地，基本上稍微大一点的商店特别是饮食店多聚集在新式道路两旁。而北边几条山坡上的街巷——黄桷树街和半边街被人们抛弃，成了弃街，久无人住，自然荒凉。

从人类学的角度来看松溉古镇"现在时"的空间格局，呈现"前台—后台"并置的空间景观结构。所谓前台景观也即特意展示给人们观看的被建构的景观，后台景观也即观众难以看到的展演背后的景观。松溉古镇的前台景观是旅游开发公司给游客设计的游览路线的景观，可归纳为"两线六点"，即"上码头—临江街—正街"和"绍家坝子—坳上—大阳沟"两条游线，以及古镇入口、神仙口、玉皇观、天后宫、跃进门、松子山等6个重要节点。而后台景观则是这"两线六点"外的街道和隐蔽在空间景观背后的人们日常的生活景观。在很多旅游型古镇，后台空间被前台空间挤压而退出并沦为没有原住民的游人体验馆，但在松溉古镇，后台空间仍然占据着空间的主体，这在全国的旅游型古镇中是不多见的。

第三章　时代变迁中大家族的命运

社会学家费孝通在《乡土中国》中提出了著名的中国社会“双轨政治理论”：一方面是自上而下的皇权；另一方面是自下而上的绅权和族权。二者平行运作，互相作用，形成了“皇帝无为而天下治”的乡村治理模式。费孝通认为传统社会的乡绅阶层主要是由科举及第未仕或落第士子、当地较有文化的中小地主、退休回乡或长期赋闲居乡养病的中小官吏、宗族元老等一批在乡村社会有影响的人物构成。他们近似于官而异于官，近似于民又在民之上。若用韦伯的权威结构理论来对应中国的士绅阶层，则属于典型的“克里斯玛”型权威①。在中国2000多年的封建社会史中，士绅阶层一直扮演着重要角色。在而今的历史文化名城、名镇中，士绅阶层留下的空间遗产和文化遗产是这类旅游资源型的名城名镇得以入选的重要因素，也是吸引游客慕名而来的符号，譬如山西平遥古镇的王家大院，江西婺源那些明清商贾和进士们留下的古建群，譬如四川安仁古镇的刘氏家族。

作为一个工商业发达的水码头场镇，松溉传统民间社会的“权威”

① 马克斯·韦伯的权威结构理论认为权威有三种类型：一是传统型，依传统惯例或世袭而来的领袖；二是个人魅力型（克里斯玛型），具有超凡魅力和信服力的权威；三是法理型，通过法律或制度赋予权力的领袖。

由三部分组成：一是温家、邵家、肖家这类的高级知识分子官宦世家；二是秦家、罗家、陈家等这类富商阶层和行会组织精英群体；三是以“仁”“义”“勇”召集的民间互助组织——袍哥组织。中华人民共和国成立前的松溉古镇，三大权威在社会秩序中扮演着重要角色。日常生活的诸多矛盾大部分实际上是由民间内部自己解决的，而这个裁判官往往是当地威望甚高的士绅阶层来充当。

这座曾在民国防治时期繁荣一时的场镇，流传在民间故事里的大家族自抗战结束后就开始没落了。松溉的文化层面的士绅阶层、经济层面的大中产家族在政权交替期饱受里应外合的土匪之患，急剧恶化的治安环境让经商环境变得困难重重。中华人民共和国成立后为巩固政权基础所开展的一系列政治运动更是使传统的乡绅阶层基本上被消灭。清末民初叱咤风云的大家族宅院早已看不到痕迹，他们的故事随着时间流逝，在人们的记忆中也越来越模糊。

本章通过对“同街三进士”的水井湾、首富秦家、最大家族罗家及“一门九名医”的陈家的考察，探讨松溉大家族在过去百年风云中的历史境遇。

一　水井湾消失的大户人家

民国时期能称为松溉“大家族”的，彭天佑老人说有这么几家：秦家、温家、罗家。“同街三进士，一门九名医”是流传在松溉民间的说法，这句话精妙概括了松溉曾经人才辈出的盛况。“三进士”指的是水井湾巷出的 3 个进士，“九名医”指的是文昌街陈家大院出的医生多。

图 3. 1　物是人非的水井湾巷

中华人民共和国成立前，镇上最有名望的家族和庭院修得最好的集中在现在看起来毫不起眼的一条巷子——水井湾巷。现名为水井湾的一条窄巷，又名“聚龙湾”。当地的老人说，这条不起眼的不到 50 米的巷子出了 3 名进士。一户是温家、一户是肖家、一户是邵家。根据彭天佑老人的回忆，当时巷子里住着十几户人家，都是有庭院的房子，用现在的话说水井湾在民国时期是当时的高级社区。这些庭院在中华人民共和国成立后多被“充公”，20 世纪 90 年代基本被拆除，没有一栋原初建筑物留下，着实可惜。若是能保留下来，这将为松溉现有的古建筑景观锦上添花，甚至成为重庆古镇最具规模的民国建筑聚落陈列馆。

水井湾的十几户人家中，温家的庭院最是豪华。温家的庭院据说是在 20 世纪 30 年代重建的，中华人民共和国成立后被“充了公”，用作粮站，再后来成为松溉幼儿园。关于这个家族的后人，街上的老人已经没有人了解他们的去踪。说来也奇怪，这么一个大家族，《永川市志 · 松溉镇志》的人物志等文献材料却没有留下只言片字。唯一的线索是温进士其中一个儿子于民国时期在江浙一带当过县长。根据这一线索，笔者判断人们对这个家族信息知之甚少，其中一个原因或是这个家族在中华人民共和国成立前夕基本上和镇上就很少往来了，20 世纪 30 年代建的庭院或是在江浙任县长的温氏后人为自己日后告老还乡准备的。孰曾想风云突变，从此断了叶落归根的念想。

温家对面的肖家也是进士出身。肖家是在1952年的“松溉事件”(见第一部分的内容）中迁走的。2007年，永川一个退休老干部写松溉的历史故事时曾找到了肖家的后代。据悉其后人基本上居住在永川区，多为普通人家，有的跑运输，有的自谋职业，有的做小本买卖。

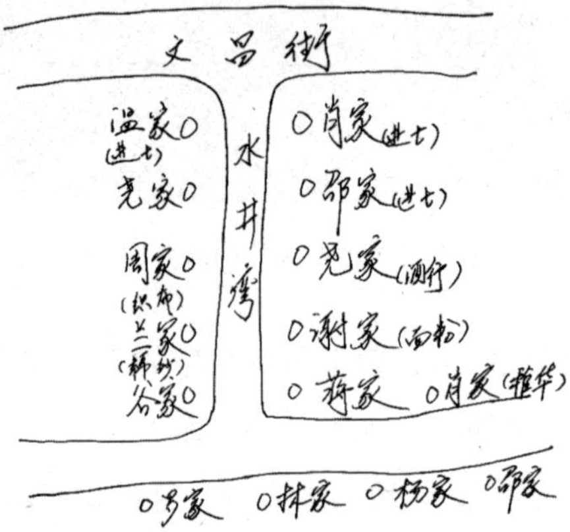

图3.2　根据彭天佑老人的回忆绘制的位置图

另一名进士出身的邵家的信息同样寥寥。彭天佑在20世纪90年代曾看到过邵进士身份证明的实物，那会儿水井湾的旧建筑物还没拆完，很多破落的建筑物还有残垣断壁。在邵家大院散落一地的杂物中有一块木牌匾，上面有清代皇帝的题词：光绪戊戌科翰林庶吉士。“庶吉士”这个官职是明、清两朝时翰林院内的短期职位，由通过科举考试中进士的人当中选择有潜质者担任，为皇帝近臣，负责起草诏书，为皇帝讲解经籍等。对于一个文人而言，进翰林院是最高的荣誉了，我国著名教育学家蔡元培亦曾是光绪年间的庶吉士。至于他后人的情况，亦无人知晓。

除了3名进士，水井湾的其他居户都是在镇上颇有实力的商户。两户尧家都是开酒坊的，周家是织布的，兰家经营棉纱（兰鼎银家族，兰在中华人民共和国成立前曾担任区长），谢家是做面粉的。每户人家修的庭院都特别讲究。彭天佑老人还记得巷尾罗家庭院门前的对联这样写道："德比松山同廓城，闲庭花圃乐其真。"这副对联从侧面反映了当时镇上的商人们的文化修养和生活情趣。我问彭天佑："那些庭院比起你们陈家大院哪个更好些?"老人回答："水井湾的那些大户人家的庭院更好些，他们多有亭水楼阁，中西合璧。"听了这话，更是为水井湾消失了的古建景观感到惋惜。

水井湾巷尾拐角的邵家坝子当时生活了20多户人家，其中有一户姓肖。巷尾的肖家父子上了《永川市志·松溉镇志》的人物志，这是莫大的家族荣誉。发家的先人名肖仕炳，号宦庭，1855年生人，1889年捐资获得恩进士学号，先后在大足县、宣汉县、岳池县任过知县。1891年返回松溉，任保长（相当于现在的镇长）至1932年。1921年松溉商会成立时，因其有较高的社会声望，被推选为第一任会长。育两儿一女，大儿从商，次子肖稚华从政。肖稚华在松溉民间的口述史中人物故事仍清晰：他毕业于江津中学，曾在国民党统治时期任永川田赋科科长和县参议员、参议会秘书长等职，中华人民共和国成立前夕随县长邱挺生起义。据镇上一名退休老师说，肖家后人基本上是知识分子和公务员。这是目前街上的老人唯一能说得清的水井湾原住民的变迁信息。

水井湾的住户们基本上是镇上的士绅阶层，这里是最有学问的人和生意做得大的商户们的聚集区，在社会制度转型期所受冲击也最大。在1952年的"松溉事件"后，水井湾的大户人家面对急剧变化的生存环境，这些与松溉场镇相互成就的群体多选择移居。也即，"松溉事件"后，水井湾事实上已经人去巷空了。

作为一个姗姗来迟的游人，此时看见的水井湾只是一个"符号"名称，那个鼎盛时期的"聚龙湾"的"龙"都不在了，且消逝得无影无踪。从遗产保护的角度来看水井湾的变迁，不仅是空间遗产的损失，更是文化遗产的损失，因为只有有人的地方才会产生文化。

二 付之一炬的秦家大院

如果说水井湾出儒商，那么坐落于老官庙（古县衙）坡脚下且毗邻中码头的正街则出大财主，中华人民共和国成立前松溉富甲一方的秦家便是正街的代表人物。秦家是松溉最大的米商，当家人秦玉权还担任过松溉商会第二任会长。秦氏家族的衰亡与1949年10月13日土匪放的那把火有关。秦氏家族是中华人民共和国成立前土匪之患的受害者。

据老茶客们的回忆，秦家大院是当时镇上最大的私人住宅。秦家大院设有3个地下防空洞。秦氏家族为了保护财产，有私人保卫团，购置火炮，还自发修建了碉楼。如此高规格的防御，说明无论是四川军阀割据时期还是国民政府时期，整个社会治安普遍较乱，特别是像松溉这样的商品集散地，更是土匪们活动猖獗的地方。在松溉，民国前期（20世纪二三十年代）名气较大的土匪有方绍游、吴焕文、王绍怀、陈绍康、刘七、易极五两兄弟等人，抗战结束后至中华人民共和国成立初有黄海清、罗军、张光禄等人。“吆钱”和“捉肥猪儿”是土匪们惯用的手段。所谓“吆钱”即他们在隐蔽的地方对进出松溉的客商进行抢劫。而“捉肥猪儿”即土匪对富人绑架勒索的一种手段。“吆钱”是隔三岔五地发生。一般情况下，“吆钱”只谋财，但也有个别小客商被抢后导致还不起债而自杀的。1938年5月，观音阁街织布小贩周继明背12匹布去何埂赶场，在路上被抢，无力偿还债务，选择上吊自尽。因家有老小，此事在松溉场镇影响颇大。

因为土匪抢劫和绑架事件时有发生，这促使松溉的商户们尤其注重安全问题。从他们在各主要街市首尾端设立栅子及更夫，可见他们对治安问题的重视。在民国时期，松溉有过两段相对安宁时期。一段是20世纪20年代四川军阀邓锡侯派爱将王振五营长（十里青石板长街的修建人）坐镇松溉时期。王营长在松溉期间做了不少好事，他为了保军饷扩税源，捉匪就杀，对于逃跑的土匪则刻碑昭告乡民公开捉拿。他坐镇期间，“吆钱”和“捉肥猪儿”案件大量减少。另一段较为安定的时期是宋美龄的新运纺织厂迁来松溉的7年。这段时间，松溉的安保力量实际上是由县级的正规编制警察队伍来负责的。1946年，新运纺织厂陆续撤走后，警察保卫团也随之撤回了县里。这导致土匪又纠集起来，而且这一次土匪的成员构成更为复杂。除了传统的各立山头的“山大王”，镇安保队、乡镇官员及各口浑水袍哥也加入了土匪的队伍，且这一时期的作案力度比之前的小打小闹更加凶悍。

新运纺织厂撤走那一年，泸州棉纱大户卞维州在路上被“吆钱”，金额高达1200万元现金。而且街上还发生了数起“捉肥猪儿”事件。有一天，秦光宝的儿子在街上看人赌博，路过朱家巷子时被土匪捉去当了“肥猪儿”。土匪带信索要黄谷10石[①]现金，爱财如命的秦光宝舍不得。20天过去了，土匪将赎金上涨到20石现金，并限期6天交钱，不交钱就撕票，叫秦老汉抬棺材来收尸。秦光宝四处托人讲情，没有效果。无奈之下，卖完全家金银首饰，才赎回了儿子。这一次绑票事件对秦家经济影响很大。秦光宝一病不起，不到两个月就撒手人寰。

1946年5月，本地土匪伙同朱杨溪、板桥土匪抢了鱼市口商铺6家。1947年10月，本地土匪伙同二溪土匪抢了人阳沟陈氏富婆及其他百姓10家。1948年4月，西大街的两个棉纱大户——温崇和（第六届商会会长）和兰鼎银（退职回家的区长）被抢，据流传下来的说法，匪徒是本地土匪勾结隔壁聚美和朱沱两镇的土匪。耐人寻味的是，尽管报案给镇公所了，从镇公所到案发地不过两三分钟的步行距离，但匪徒在两家放肆敛财，时间长达1个小时。持枪的保安兵也未出兵追赶。这说明了当时镇公所安保队与土匪有勾连的嫌疑。

松溉历史上最严重的匪患发生在1949年10月13日，松溉首富秦玉权的秦家大院在这次匪患中付之一炬。土匪黄海清伙同板桥、朱杨溪土

---

① 按民国的度量衡，1石等于120斤，10石也即1200斤黄谷。

匪进场抢劫百姓商铺多达120户。土匪抢首富秦家，久攻不进，便放火烧了坳上街、正街、宝华街，导致57家商铺化为灰烬，20多家商铺折损，300多人无家可归。不算土匪所抢财物，光经济损失高达黄谷3000石（相当于现在的360 000斤）。[①] 这是松溉有史以来匪患造成的最大的一次损失。这次的匪患让松溉古镇的百余户商户一夜之间成了贫民，也成了无家可归者。

秦家大院的衰亡让人看到了20世纪40年代中后期的社会治安状况之糟，可以说秦家无论是从空间建筑还是家丁的安保都做好了应有的准备，但还是防不住土匪，可见此时的社会事实上已处于一种失序的无政府状态了。时局动乱下，内外土匪勾结、官府和安保人员与土匪勾结是20世纪40年代中后期松溉大小商户最大的人祸。

三　罗氏家族清明会的重现

时至今日，若问松溉最大的家族是哪个家族，当之无愧是罗家。百年历程中那些曾经叱咤风云的家族大多消失在当地人的记忆中，唯罗家屹立不倒。在过去20年，在家族有心族人的推动下，不仅重修了家谱，扩建了罗氏祠堂（已成为松溉一个地标景点），还恢复了传统的清明会。每年4月的清明会从云贵滇等地回来的祭祖族人多达三四千人。罗家的故事不仅让人看到了一个家族强大的生命力，也让人看到了新时期下较为宽松的社会氛围及经济活力。

回溯罗氏家族的历史，这个家族早在元末明初就开始在松溉生根发芽了。松溉现有人口主体主要是“湖广填四川”的后人，早几百年落户的罗氏，比起清末民初发迹的商户家族而言，自身有更为雄厚的人口基

① 材料来源：彭姓、罗姓老人的口述材料（采访地点：松溉古镇；采访时间：2022年5月1—4日），以及《永川市志·松溉镇志》第225—228页。

石。松溉的罗氏始祖罗祥胜，祖籍江西吉安府吉水县。因元朝朝廷皇族争权，朝纲不振，民不聊生，导致红巾军起义。为避乱求生存，罗祥胜别吉水迁湖广麻城，娶仙居乡贤淑李氏生一子。1351 年，罗携家眷又别麻城溯长江过三峡，来到当时还是荒林茂草的松溉。从罗祥胜落户松溉迄今近 700 年，已繁衍至 32 代，人口逾 30 万，遍布云、贵、川、渝、赣、鄂等省。

图 3.3　罗府祠堂重建者：罗文思（乾隆四十三年）
（图片来源：罗府祠堂）

据罗氏族谱的统计，松溉罗氏家族出了不少人才。从明朝永乐戊子（1408）罗志琼开科举中举始，有学位者：状元 1 人，省元 1 人，解元 1 人，进士 11 人，举人 13 人，贡生 20 人。明清时期罗氏家族的官员有：罗鸿宰为明正德庚辰年（1520）的户部主事，罗廷唯为明嘉靖年间（1522—1566）的都察院御史，罗文思为清乾隆年间（1736—1796）直隶商州知州、黔南太守、贵西巡道，罗华天为湖广总兵加升提督，罗贞节任云南提督，罗万英为武翼大夫（从三品）。民国以前有知县 15 人，民国期间有将校师级 4 人。中华人民共和国成立后有省军级 3 人、地师级

10余人、县团级100余人；博士生20余人，硕士学历逾百人；教授、高级教师级、工程师、经济师、专家学者等百余人；千万资产以上企业家近百人。①

看了罗氏家族的人才谱，我明白了为什么罗氏家族能修起这么大的祠堂了。修族谱和祠堂不是一代人的努力就可以完成的事情，是举数代人之力，并且牵头者还需有声望且有资本方可完成这一家族盛事。

罗氏祠堂始建于明朝，由时任都察院御史罗廷唯开始建造，仕四品，冠名“世德堂”。后罗祥胜的第十四代孙，清乾隆年间任贵西巡道的罗文思重建。现在恢复的罗氏祠堂是在清乾隆年间重建的这一形制基础上修的。民国时期，罗氏家族利用祠堂兴办学校，除了开设小学课程外，另设缝纫、织袜、织毛巾、制肥皂等工艺课程培育人才。这样的教育课程在现在看来就是时下教育界提倡的“劳动教育课”。教育经费在田产和租铺面收入中开支。祠堂最后的族长叫罗乾初。1949年12月，松溉解放后，祠堂、祠产全部收归国有，祠堂办的小学因此解散。罗氏祠堂在“文化大革命”期间“破四旧”时只剩一间正殿，随后被用作粮仓、政府办公处，直到20世纪90年代，贵州的罗太雄（罗乾初同辈）发起修族谱号召，宗族的记忆才又回到罗氏族人身上。罗太雄找到松溉镇旗山村的村支书罗纪鸿商议此事。从此罗纪鸿负责内江、自贡、荣昌、永川的族人走访工作。通过修谱走访工作，罗纪鸿因此认识了很多邻近的罗姓人，他开始组织恢复家族清明会，1994年，中华人民共和国成立后的第一届清明会在旗山村召开。后来，罗纪鸿因村上事务繁忙，无暇顾及修谱的工作。2006年，一位从信用社退休的晚辈罗庆华参与了修谱工作。罗庆华为日后罗氏祠堂的重建起了关键作用。这一年他与从云贵川来的18个族人代表组成理事会，在江津白沙古镇相聚，商议决定换回罗氏祠堂并重建，以供罗家办清明会，举行祭祀活动。彼时罗氏祠堂前殿处是二楼一底的政府办公楼，正殿是粮仓，后经多次协商，罗氏宗族以补偿政府办公用地及附近居民的搬迁费用作为交换，换回了原属于祠堂的用

① 材料来源：松溉罗府祠堂内的《罗氏家族简介》。

地。至此，罗氏祠堂历经 56 年，再次回到罗家族人手中。通过族人捐资等方式成立公司，以“以祠养祠”的方式从 2006 年开始重建祠堂，至 2014 年重建完成，历时 9 年。现在的罗氏祠堂成了松溉古镇松子山街一个地标性景观，日常供游客参观。

21 世纪的松溉罗家后人已经在全中国遍地开花。每年 4 月 4 日和 5 日的清明节在祠堂办的清明会成了各地罗氏后人家乡记忆和宗族身份认同的一个仪式。回来的人越来越多，从最初的几百人发展到现在每年三四千人，成为永川最大的家族清明会。每逢这个时候，罗氏祠堂和隔壁的“九大碗”饭馆座无虚席，在一定程度上也拉动了松溉古镇旅游经济的增长。

图 3.4　罗氏祠堂 2013 年清明会九大碗宴席场景（摄影者陈仕川）

新时期的罗氏祠堂的职能、内容和性质发生了变化，封建时代祠堂作为祖先祭祀的宗教场所，讲究长幼有序、男尊女卑，现在则成为一个观光场所及清明节仪式的承载地，淡化了宗教色彩；以前祠堂管理者被称为族长，受到全家族成员的尊重，是有绝对声望肩负裁判家族内部成员纷争及管理和分配族产使用的家长角色，现在族长变成了会长，此会长更似一个公司的企业代表，负责管理好这家“公司”的资产及每年清明会这场盛大仪式；以前，祠堂的族产主要来源靠田产和商铺，现在的会馆收入主要来自“罗府家酒”和“九大碗”（川渝传统特色佳肴）两大品牌。收入由员工、祠堂（族产）、捐资股东按2∶3∶5分成。

四　陈家大院的启示

2022年5月1日，细雨蒙蒙，天气微凉，本该热闹但因这天气而游客寥寥的早晨，我们有幸拜见了陈家大院的看家人——彭天佑老人。彭天佑是陈氏家族的第四代外孙，他或将成为这个家族的最后一个守护者。推开这个家族的大门，一幅百年的历史沧桑画卷似乎早已等候多时，等着我们细细阅读。对于普通游客而言，他们的感官体验往往受限于有限的时间和信息渠道而难以看到旅游目的地的“后台”。陈家大院位于而今解放街的北端尽头，不似罗家大院和秦家大院那般坐落于政府和旅游服务商规划的松溉古镇景点区域，作为一个仅靠公开的旅游信息按图索骥的游客是很难知道陈家大院的，更别谈知道陈家大院里面的故事。

对于我们这几位贸然打扰的来访者，彭天佑老人不但不恼，反而热情地接待了我们，这或叫缘分。他先是带我们进入陈家大院的正堂和两间耳房进行参观，这3间房自2007年开辟为家族图像陈列馆以来，上墙10余年的图像和文本已模糊难辨。为让我们这几个充满热情想了解松溉百年变迁故事的来访者更深入了解他们的家族故事，他搬来几把椅子，在透着光亮的中庭院落，坐定就谈。他打开了族谱，为我们展示了陈氏家族的前世今生。越靠近越对这个外表破败的传统宅院的家族史感到震惊，万万没想到这个小地方走出了这么多人。进屋前，我们被告知的陈家大院的信息里，最具有吸引力的一条信息是“这是影星陈冲的祖宅”，殊不知，陈冲只是这个人才辈出的家族里其中一个代表。

这个家族是被列入《永川市志·松溉镇志》人物志名单中最多的家族。陈海门、陈文贵、陈文镜均进入了地方志中的人物传。

图 3.5　彭天佑老人在其庭院给我们讲家族历史

在这样一个人口不足两万的渝西小镇，陈氏家族是怎么做到人才呈“满天星斗”的？在 150 年的发展变迁中，陈氏家族历经的三次重大转型给了我答案。

（一）陈氏家族的三次转型

1. 陈家一代：务农转向商业（19 世纪 70 年代至 20 世纪初）

陈氏祖籍湖南宝庆府（今邵阳市），祖居地在宝庆府武冈州万安乡塘山河庙坎下。陈氏先祖离湘入川是在清康熙年间（1662—1722）的“垦荒”移民政策的激励下来的。最初落脚四川巴县冷水场陈家湾（今重庆市九龙坡区华岩镇），以务农为业。陈家落户松溉的第一代发家人是陈朝钰，他被后代尊称为“容斋公”。

陈朝钰生于 1852 年，逝于 1906 年。他是家族改运的第一人，是花纱商号源顺庆的创办者。陈家族谱记载，先祖陈朝钰读过几年私塾，眼见城市工商经济兴起，决计走出农家学做买卖。他到重庆一家花纱商号当学徒，学徒期满后，自己做起了花纱行商买卖。从学徒到商贩，再到源顺庆的掌柜，完成了由世代小农向商人家庭的第一次转型，由此改变了自己和后代的命运。

为什么选择落户松溉？陈朝钰发家生意是花纱行业，当时川东城乡所需原棉产自湖北荆州一带，以长江水运最为便捷。松溉是永川唯一的水码头。源顺庆商号坐落在北门锁钥的文昌街口，是进关采购和出关的马帮的必经之道。商家讲究门店选址，此地开店极为理想。清末民初，松溉处于上升时期，源顺庆依据有利的商业地理位置逐步发展成松溉花纱行业有实力的商号。

2. 陈家二代：向工商+金融业转型（20世纪三四十年代）

陈朝钰前后共娶了3个妻子，育有4个孩子。二代为“开”字辈。其中大儿开宗（曾任松溉商会主席，对外称呼常用名“陈海门”），1906年继承父业后，拓展了源顺庆的产业，并开设怡庆长油槽坊。花纱和乡酒是当时松溉年销售最大的两宗商品，前者是最大的进口转内销商品，后者是最大的出口外销商品。在20世纪20年代，陈开宗被选为松溉商会会长，这提升了陈家的社会声望。此间，他续建了陈家大院，扩展成多家户共居的四合院格局，形成集晒台、商铺、作坊、家宅于一体的建筑群，内有甬道相通。陈朝钰四子陈开琦主持油酒作坊和商铺。全面抗战时期，陈开宗第三个儿子陈文烈在松溉开设德华酒精厂，到重庆开设豫立钱庄，实现了由商人家庭向工商、金融业家庭的第二次转型。

3. 陈家三代：向知识型家庭转型（20世纪40年代至今）

在时局动荡的年代，二代陈开宗注重培养现代人才，在他当家期间，竭尽所能供子女就读现代学校。辛亥革命后，供开乾（三弟）、文贵（大儿）、文镜（二儿）到江津读新式学校——白沙聚奎书院，至大学毕业。值得一提的是，陈开乾1915年于四川共和大学毕业后返乡从事教育救国事业，参与首创松溉女子小学，提倡男女平等，反对封建，开家乡现代教育之先河。一直供子女接受现代教育的陈家人，到中华人民共和国成立前几年就实现了由工商型家庭向知识型家庭的第三次转型。

抗战胜利后，由于经营环境恶化，豫立钱庄破产，陈家在松溉的两大商号相继倒闭、停业。但此时陈氏家族的第三代“文”字辈已经羽翼丰满，通过知识改变了命运，走出了小镇，在上海等大城市凭借专业技能站稳了脚跟，其中陈文镜更是成了国内顶尖的医学专家，使陈家在困难时期更具有抵抗风险的能力。

图 3.6　1940 年分家前的部分陈氏家族成员合影
（中排左 2 人为开琦夫妇，中为开宗夫妇，右 2 人为开乾夫妇；后排左起为文端、文烈、文贵、文镜、文楷；前排中左为文烈之妻万淑蓉、中右为文谦之妻张思琴；小孩从左到右为文谟、文治、文泳、星拱、文定、星平）
（图片来源：《松溉陈氏家谱》）

（二）走向孤老的宅院

人是空间长青的“活水”，空间因人而兴，亦因人而衰。在陈家大院上堂屋的右耳房展厅，有一幅彭亮远（彭天佑哥哥）手绘的 20 世纪 40 年代陈家大院完整的全景图（图 3.8），由图可见当时的陈家大院比现在要大得多。据彭天佑老人的介绍，现在的陈家大院只有当时的1/4左右。

陈家大院兴起于第一代的陈朝钰。陈朝钰开创商号源顺庆经营花纱生意，发家致富。在发妻去世后，他带领家眷从巴县迁徙至松溉，购置田产，落地生根。他择北门锁钥的文昌街口建造自己的恒产是极具眼光的，这里连接松溉码头与后山，后山的商贩们进入松溉必经此地。因这地利——源顺庆商铺是迎接后山客户群的花纱商号第一家，生意也越做越大，家门开枝散叶越发繁茂。除了二儿因病早逝，大儿、三儿和四儿均有大出息，使陈氏家族成为松溉20世纪最有社会声望的大家族之一。由陈朝钰始建的这个占地约2700平方米的大宅院在鼎盛时期的20世纪三四十年代共生活有100多个家庭成员。

图3.7　彭亮远手绘的陈家大院立体图

宅院依地势起伏而建造，包括源顺庆和怡庆长两个商号、居家四合院和新式宅院。整个建筑群有房屋上百间，高低错落有致。房屋均为穿木构架，板壁为墙，青瓦屋面，是典型的明清川东民居建筑。四合院大门外，是一个晒场，当年陈家大院晒场下边生长着几株高大的香樟，一大蓬茂密的竹林将家宅掩映于绿荫之下，悠然宜居。1942年扩建的新式宅院由陈开宗的二儿子陈文镜出资修建。陈文镜为我国著名的外科专家。

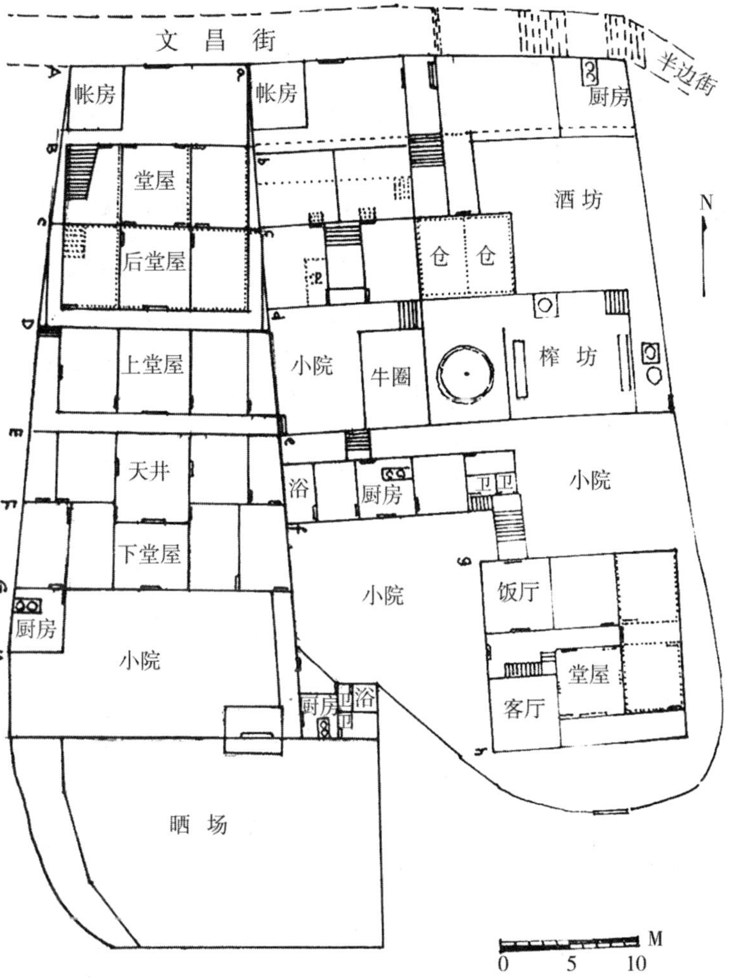

图 3.8　彭亮远手绘的陈家大院平面图

卢沟桥事变爆发后，南京国民政府西迁至重庆，1938 年，陈文镜随行政卫生署等一道来渝，受聘于重庆宽仁医院担任外科主任医师。陈文镜在渝 7 年，正是在这期间修的房子。据族人的回忆，这幢西洋楼本意是给父母养老用的，因为原来的那个房子旧了、小了。这幢建筑仿当时流行的西洋模式来修建，土木结构，二层西式楼房，共有 12 个房间，顶上带一阁楼。

在《松溉陈氏家谱》中，有族人回忆道：

底层正门一侧为客厅，摆放一套竹编沙发，墙上挂有郑板桥、于右任、张大千、齐白石等书画大家的字画，别有一番雅致。二楼朝向大门处有一景观阳台，面对“螺蛳壳”小山、“石脚盆”溪涧。楼房右侧上方，为一排平房，包括厨房、浴室、厕所、猪圈等。通过一段有屋顶的石阶，平房与楼房底层的饭厅相连接，形成功能配套的居家环境，饮食起居都颇为方便。平房前面，有一露天晒台，风和日丽的时候，家人们常聚在这里，享受着在庭院风光中边做家务边聊天的乐趣。庭院内，桂圆树撑开宽阔的绿伞，芭蕉丛展开碧绿的扇面，柚子树春华秋实，葡萄架垂晶挂玉，梅花、桂花、兰花、山茶、栀子、茉莉适时开放，常引来鸟鸣枝头，蜂飞蝶舞。树上树下，麻雀喳喳跳跃，画眉、斑鸠常来“造访”。尤其俗名“祝英”的练鹊于桂圆树和几棵柚子树之间，展开艳丽的羽翼，抖动着一双长长的尾翎，灵动嬉戏，煞是可爱。

1940年，陈氏家族“开”字辈的三兄弟开始分家，老大陈开宗分得源顺庆商铺及西北方位的宅院，老三陈开乾分得西南方的宅院，老四陈开琦因掌管怡庆长油槽坊需要更宽敞的地方来作油坊，故挨着北门锁钥方向的宅院均属老四。当时陈家大院的各空间职能——商业空间、生产空间及生活空间是一体的。文昌街沿街的建筑为陈氏家族的两大商号门面。左为陈开宗掌管的源顺庆棉纱坊，右为老四的怡庆长油槽坊。商铺后面为陈氏族人的生活空间。这样的百人宅院的格局到20世纪50年代就结束了。直接原因是家族的两大掌门人的先后辞世：源顺庆掌柜陈开宗于1950年去世，怡庆长掌柜兼松溉商会会长的陈开琦于1952年去世。因开宗这一支儿女多成才，在外面各立门户，只剩老夫人张玉荣独守家宅。所以，陈开宗去世后，张夫人将源顺庆商铺及后面两间堂屋租给了“刘合诊所”（松溉医院的前身）；20世纪60年代松溉医院搬迁后，又转租给了松溉信用社。1980 年，张氏去世，将房子交给照顾她的三女儿陈文英，后陈以 1.2 万元的价格卖给了信用社（现在农商银行的前身）。几经易手，现在又成为松溉印刷厂的废弃厂房和职工宿舍。而陈开琦的油槽坊在他去世后，家族无人继承产业，作坊被家人租给了当时的农具厂。陈开琦妻子去世后，1962 年，陈开琦的六儿陈文湘将其以 1000 多元的价格卖给了当时的人民公社。这块地方在 1960—1980 年为乡政府的敬老院。后敬老院搬离，部分建筑实体又卖给了私人。陈文镜修建的新式洋楼则在 20 世纪 90 年代初因房屋土墙年久失修，成为危墙而被拆除。也即原来的陈家大院的东半部分（陈开琦的油槽坊和陈文镜的新式洋楼）现在已完全损毁，看不到原来的建筑痕迹。唯有老三陈开乾的宅院被完整保留下来，也即现在彭天佑看管的宅院。这家宅院在 1978 年被分成 4 部分，由陈开乾 4 个儿子继承，其中上堂屋 3 间被其大儿以 2000 元的价格卖给了乡政府做敬老院用。其余部分被表兄弟彭天佑陆续购得。现做展厅用的上堂屋 3 间房为族人以 1 万元的价格于 2007 年从政府手中购回。

人才辈出的陈家大院目前在松溉居住的只剩 70 多岁的彭天佑老人。这座宅院何去何从？交由时间去回答。

（三）墙内开花墙外香

而今的陈氏家族人才遍布全世界，第三代、第四代、第五代不少人是行业翘楚。自 20 世纪 50 年代以来，陈氏家族践行“走出去有所为”理念，历经半个多世纪的变迁，陈氏家族树已经在上海、北京、天津、重庆、广东、江苏、山东、四川、云南、贵州、陕西、甘肃、新疆、香港等 14 个省、市、自治区、特别行政区开出新枝。族群从事政治、经济、文化、教育、卫生等各个领域的工作，为国家经济社会发展作出了积极贡献。

20 世纪 70 年代以来，部分陈氏家族后裔赴国外留学，立业安家，现陈氏家庭分布于美国、法国、德国、加拿大、新加坡、沙特阿拉伯等 16 个国家，其中美国有 20 家。

从“文”字辈（陈氏家族第三代）以来，共有成年族裔328人，其中学位为博士16人，硕士、双硕士学位40人，大学本科105人，专科37人，加上中专、高中74人；担任正副教授、研究员、高级工程师、医院院长、主任医师、护师、大中学校校长、中学高级教师等职69人，地方军队、政府地市级及县团级干部9人，企业正副总经理、厂长、总监等31人。[①] 这里面不乏声名赫赫的人物，如著名外科医学专家陈文镜、影像学家陈星荣、著名影视演员陈冲等。

陈氏家族声名在重庆市永川区老辈的文化人群体多有知晓，不少当地文化名人慕名而来。参观之后，无不惊叹该家族人才之兴旺，甚至有人赞叹为“松溉义门陈氏”。当地文化馆馆长写的一副对联“院庭雅檐清韵幽馨盈溉水，族党兴隆高人雅士出陈家”被陈家人用木板镌刻，挂于下堂屋大门左右。这个向外昭示的对联可以说是低调的陈氏家族当下最高调的广而告之了。

来到21世纪的20年代，陈家目前唯一的看家人，生于20世纪40年代的古稀老人彭天佑对于陈家大院的继承问题亦流露出无可奈何花落去的哀伤。家族的成员虽枝繁叶茂，但多散落于天南海北，特别是有大成就者的家支离这个渝西小镇数千千米甚至几万千米的距离，每个人在遥远的时空关系中消耗着日常，“常回家看看”对于远行的陈家人而言已然是不太容易实现的心愿了。

回想起童年陈家大院逢年过节的时光，彭老先生不无感慨：“开宗爷爷当家的那个时代，陈家大院最是热闹。”有多热闹？《松溉陈氏家谱》有族人写过逢年过节时的回忆片段。

> 每年进入冬腊月，家中就为各种年事忙碌：买年货、做年糕、杀年猪、做米花糖、磨汤圆面等。腊月二十三，“灶王爷”升天，要专事供奉，还需把家宝打扫干净，祈望灶神上天多进美言。

---

① 数据来源：《松溉陈氏家谱》，第23页。

忙碌中，离乡的游子陆续归来，自有一番重逢的喜悦。眼见穿新衣、吹花号、放鞭炮的人逐日增多，家门前贴春联、贴门神、张灯结彩的也多起来。儿歌频唱："红萝卜，蜜蜜甜，看着看着快过年。"除夕临近，古镇弥漫着浓浓的年味。

"源顺庆"堂屋内，神龛下面两张供桌上，陈列着一封封冥纸，写上已故先辈姓名，待供奉后焚化；还摆放着鸡、鱼、肉、糕点、水果等供品。堂屋内两侧墙上，挂出两幅群鱼畅游、象征"年年有余"的古画。门楣上贴了大红春联，门外大红灯笼高挂，染浓了新年的喜庆气氛。

大年三十，全家欢聚吃团年饭，给娃娃们发压岁钱，热热闹闹地守岁，等候着"烧子时香"时将至，全家人按辈分、年龄排序，依次拜祭"天地君亲师"位和祖宗牌位。而后，未成年的儿孙们，每人手持馨香一炷，沿着陈家大院内的甬道绕行一周。接着打开"源顺庆"大门，在街上按东西南北中五个方位，点燃香烛，焚烧冥纸，燃放鞭炮，拜祭天地，谓之"牛儿拜五方"，祈求神灵赐福，保佑平安。

大年初一早上，"源顺庆"堂屋内举行团拜，先拜祖宗，再问长辈拜年。早餐人人吃汤圆，寄寓招财进宝之意。从初二开始，亲戚、朋友之间登门拜年、送礼，互送的礼物多为食糖、肉类、糕点。对前来拜年的亲友，互相道贺后，总要邀请入座，用年糕、南糖、花生等茶点款待，共叙情意。从大年初一到初三和元宵节晚上主要街道举行舞龙、舞狮、闹花灯活动，以龙腾、狮跃舞姿，向沿街商家、住户朝贺新年。各家则以红包相赏，许多商号（如"源顺庆""怡庆长"）还备有花筒、铁水（两种礼花）和鞭炮，朝向舞龙、舞狮队伍施放，顿时眼花缭乱，锣鼓鞭炮齐鸣，群情欢腾激奋。

从家族个体命运来看，这个家族从一代陈朝钰始历经150多年的变迁，到新时期家族主体成员身份多是高级知识分子阶层，成了一个名副其实的高学历、高社会声望的世家。但若从地方影响力的角度看，此时的陈家与中华人民共和国成立前的陈家早已是两个概念。而今，陈家大院只有一个住户——松溉中学退休的老教师彭天佑，他或是最后一个能把陈家大院历史兴衰说清楚的人物，抑或是最后一代陈家大院的守护人。

（四）余话

听完陈家的故事，不由徒叹历史的无情。事实上，陈家及陈家大院是幸运的，在中华人民共和国成立前夕松溉的工商阶层中，像陈氏家族这样能全身而退，其后代在各行业成为时代领潮儿的不多。松溉老人眼里中华人民共和国成立前的松溉的几大家族“温家”“邵家”“秦家”无人知晓他们的后人何去何从，可以预见，随着“40后”“50后”的辞世，这些曾经在七八十年前叱咤风云的家族在历史记忆中甚至连符号都将淡去。

附录 6：陈家大院的空间景观

在解放街北段印刷厂旁侧入口的水泥墙上“陈家大院”的路标

通往陈家大院正门的乡村小道

陈家大院下堂屋景

陈家大院中庭

从北门锁钥台坎俯瞰陈家大院

第四章　百年变迁中的个体命运

在古镇的田野过程中，我们在茶馆、古镇的街巷、上码头江畔小憩园、赶场的集市上遇到了不少“40后”“50后”的老人，这群老人是松溉20世纪百年风云的见证者，他们是伴随着中华人民共和国成长起来的两代人。他们的人生命运与时代同步，是中华人民共和国成立70多年变迁的缩影。本章通过展示几个不同行业、不同背景的“40后”“50后”的故事，透视中华人民共和国成立以来不同时期的社会环境对个人命运的影响。

一　一个出身富农家庭的孩子的还债故事

我们是在正街一家卖长江奇石的店铺遇到这个老人的，那时他正在给他的小儿子看店铺。他名叫罗永通，男，1946年生人，为松溉罗氏家族“永”字辈后人，有4个兄弟姐妹。罗永通的故事给我们揭开了松溉富农出身的孩子在青壮年时期的境遇。

解放前我幺公①家里有120挑②谷子。当时我父亲卖了40挑谷子，用作生活费。还剩80挑谷子，本来这么多谷子要存起来的，以防不备之需。但我父亲喜欢吃鸦片烟，40挑谷子的钱很快就花完了。为了吸大烟，他就把家里剩余的80挑谷子以物借贷的形式换来了200元，继续买大烟来吸。解放以后，我当会计的大哥想把之前押给别人的谷子赎买回来，工作组的组长说想把这80挑谷子赎回去的话，那你们家就算是“富农阶层”了。后来“阶级划分”时，我们一家就被归类为“富农阶层”。1952年，“土地改革”，我们家被没收部分土地。到了1953年，建初级农业合作社，我们家以土地入股的方式参与初级农业合作社。到了1955年，全村的土地这时统一为集体所有。大家开始集体劳动，赚工分换粮食咯。那时一天一个工分，10个工分才值几角钱。

我父母是在“三年困难时期”离世的。先是我母亲，1959年，那一年我13岁。两年后，1961年，我15岁，父亲病逝。这个时候，我沦为了孤儿。那个年代，人们没得钱，靠在生产队参加集体劳动挣工分换取粮食。我父母常年卧病在床，靠赊生产队的口粮挨过日子。所以，我父亲走的时候，给我留下了48元的债务。

1962年生活稍微好一些，农村开始恢复办酒席。我堂哥罗树清那个时候是厨子，忙不过来，就叫上我帮忙做下手，所以我也会“九大碗”的制作。

1966年，我满20岁的时候，当时铁路局修铁路，需要些炮工，我就去干了6个月，当时36元钱一个月，算高的。这个工作有点危险性，所以拿这么高。拿到工资的第一个月我给自己买了件衣裳，这是我这么大第一次给自己买个东西。结束炮工

---

① 幺公，当地方言，爷爷的意思。

② 1挑大约等于100斤。

的工作后，回到生产队。这个时候给我涨工分了。因为我成人了，20 岁了，工分涨到 2 工分一天，后面体力活能够担得起毛谷子，就 7 工分一天。

再大些，要开始考虑娶媳妇的事，光生产队每天挣几工分是存不到钱的。我就跟我二姐夫学习土匠，也就是给人修房子。这个工作太累人，我体力不好，半年后，我吃不消，就不干了。后来又学习木匠，做家具类的床铺、柜子、桌子、板凳、门、窗，以及农具用的水车、风箱等。学徒工时，我的工资是 1 块 2 一天。因为白天要参加生产队集体劳动，只能抽空来做木工，一周只做得一把椅子。做好后，我拿去赶场卖。20 世纪六七十年代，7 天赶一次场，那个时候一把椅子可交换 5 斤米。逐渐，附近的人知道我手艺不错，有修房子的需要打些家具就开始喊我下乡去做，开的工钱是两三元钱一天。直至二十三四岁的时候，我才把父亲所欠的 48 块钱还完。

婚姻这块，我也不顺。快 30 岁我都找不到婆娘。最开始我师母给介绍了一个女孩子，年龄小我 8 岁，没有结过婚，但是身体有点残疾，是个跛子，说话也说不明白。我不太满意，没娶她。因为我住在一个院子里面，有 4 户人家，自己是个手艺人，常年在外奔波，怕自己的妻子在家里受到欺负，干脆就不要。32 岁的时候拖不得了，经别人介绍才结的婚，就是我现在这个妻子。她是二婚，比我大 6 岁，当时带了 3 个孩子。嫁给我后，后面给我生了一个儿子。现在我们夫妇就和小儿子一块生活。①

老人后半段的故事和镇上大部分的老人一样，20 世纪 80 年代分了土地，解决了温饱问题。靠着木匠的手艺养活了一家人，干到五六十岁，这个时候孩子基本上大了，各自独立出来，开始反哺家庭。后半程相似

① 口述者：罗永通；采访地点：松溉古镇正街；采访时间：2022 年 5 月 4 日。

的故事就不再赘述了。但老人前半生的故事让我们看到了一个被定义为“富农阶层”子女的遭遇。少年时期的他经历了“三年困难时期”，经历了父母双亡。瘦弱的少年不得不背负偿还父亲留下的48元债务的责任。从16岁到24岁，罗永通花了8年时间才还完了这48元。听完罗永通老人前半生的故事，有几个感受：这是一个死里逃生的人，这是一个命运多舛的人，这是一个不向命运妥协的人。这不是个例，而是时代背景下被定义为“富农身份”子女的遭遇的缩影。

二　“三十年河东，三十年河西”的船老板

王光友，1949年生，松溉镇文昌宫社区居民，是改革开放后松溉场镇第一个跑水上运输的船老板。

我是和中华人民共和国同龄的人。1965年，十六七岁的我通过劳动局进入竹器社。那个时候成为一个有编制的工人是相当不容易的，需要劳动局发布用人指标，没有关系一般是进不去的。当工人就像现在的公务员那般吃香，我们竹器社的工人可以吃公众粮34斤，居民只能吃25斤。

那个时候竹器社的厂址就在现在的紫云宫。刚进社头一个月，作为学徒工的我的工资是2块5角钱，后来慢慢涨了，第二个月是3块5角钱，第三个月是5块。一年后，我就出师了，工资是8角钱一天，一个月赚得到24块钱。当时我们最大的客户是遵义供销社。每年贵州的订货量是几千床晒席，一张晒席一丈二，大概宽4米，长7米。一个熟练工编一床晒席需要3天，手工费是2块5角钱。一个人一个月做得来十几床，平均一个月挣得到30来块钱，我最多的一个月赚过40多元。在手工六社

中，我们竹器社和染织社是最恼火的，劳动强度大。我们这些编制工从早到晚划篾条，稍微不慎，就容易被竹子刮伤。那个时候十多岁，一天哭到黑，确实太累了，我10个指头都是紫的，时间长了手指都麻了。我们都羡慕在印刷厂上班的，比我们轻松，工资还高。他们一个月拿得到45元左右。

像我们那个年代，不像今天这么自由，虽然对工作不满意，但硬着头皮还是要干下去，不干就没得饭吃。工作机会少得可怜，轻易不敢辞。干了9年后还是离开了，想换个赚钱多的工作。1974年我离开竹器社，那年我25岁。离开后，我到码头当棒棒①。棒棒一个月能赚百十块，比竹器社高两三倍。20世纪70年代当苦力的不多，所以我们这些码头棒棒才赚得到那么多。当时，农村的要参加生产队劳动，而街上的知识青年又多下乡去了。所以，码头平时没好多工人，活路多，又没得啥子人竞争。码头棒棒干了差不多9年，攒了些钱。1983年，我当上了船老板，花了3000块钱买了艘木船跑水路运输。我那艘木船承重9吨，比起农村的那些大船主，我这是小船，他们的船有的承重达到二三十吨。但在当时，整个松溉街上（社区居民）就只有我一个人有船，那时街上的居民每个月的工资还是二三十块钱，有的乡镇企业的员工甚至20块都挣不到。1984年，竹器社解体，解体前竹器社的工人平均工资是40多块钱，很多人拿不出1000块钱。一两年后，街上的李方群、刘安文加上我，街上一共3艘私人船，加上农村的，全镇这个时候私人船主大概有十几个人。20世纪80年代跑运输，还是比较能挣钱。我主要跑短途，松溉—朱阳溪当天可以往返，运费是二三十元。松溉—江津线往返三天，可赚100多块。最远跑过宜宾，往返五六天，可赚400多块钱。400多块钱除去油钱100多，还能剩300。20世纪80年代中后期，到处都在搞基建和修房子，我们船夫装

① 川渝方言，棒棒也即用扁担给人运输货物的挑夫。

得最多的就是砂石和砖。这艘船虽然不大，但跑趟远途抵得街上的上班一年的工资。所以我都是我们街上第一批的万元户。

这艘木船跑了差不多10年，烂了，就要更新换代了。到了20世纪90年代，基本上松溉的船都换成了铁船。农村那些跑船的船东家这个时候普遍换成了一两百吨的铁船。我没那个资本，只够买80吨承重的，花了七八万，再加上一个6万块的发动机，我这艘铁船共投资了14万元。没想到，我的人生滑铁卢就开始了，从此背上了债务。现在回过头来看这个投资是相当失败。可以说，成也萧何败也萧何，木船让我赚到了钱，铁船让我一朝回到解放前。进入20世纪90年代，我们船夫的生意普遍大不如前，主要原因是水路运输贵，而这个时候陆路和铁路都发展起来了，我们这些跑船的业务量就下降了。而且我这艘船载重才80吨，接不到人家大的工程项目，盖房子的农村人要的钢筋水泥啊，这些如果凑不够几家人来买材料，这个运输费又划不着。以前的老客户越来越少，好多时候都在赔本给他们拉，因为铁船油钱上去了，而他们给的运输费还是那么多。我们跑船的20世纪90年代基本上都是亏的，船越大亏得越凶。可能就一家姓许的没亏，他是我们松溉的船老大，他的船承重二三百吨，接得到修路、修桥这些大项目的材料运输。买了铁船干了四五年，实在熬不住了，香港回归那年（1997年）我卖掉了。前一年，有人要花16万买我的船我都不卖，要价18万才松口。结果一年后，船价就掉得凶，因为大家都在甩卖，最后我4万块钱处理的。

卖了铁船后，我整了条小舢板打渔。渔夫生活持续了两三年，直到2000年，渔业管理所的工作人员突然找上门来，说我没办手续，打渔是违法的。打渔也搞不成了。这个时候，我也进入天命之年了，出去打工吧，人家嫌你老，再做点其他生意吧，也没有本钱了。不想折腾了，就开始泡茶馆，打点小牌，打发日子。不知不觉就这么过了 20 年。[①]

与中华人民共和国同龄的王光友老人的职业生涯归纳起来分为 4 个阶段。一是 16—25 岁（1965—1974），起步阶段。这 9 年他在竹器社当工人。竹器社在二轻企业中虽不是松溉年轻人最青睐的企业，但工人这一身份在 20 世纪六七十年代乃至 80 年代初期都是当时社会阶层地位最高的，他是带薪工作的青年人，与同龄人相比，他是幸运的。二是 25—34 岁（1974—1983），资本原始积累阶段。体力最盛的这 9 年，他成了码头搬运工。青年王光友的眼光是精准的，瞅准码头卸货缺脚夫这一机遇，利用年轻人的体力来赚取比在乡镇企业打工更高的劳动报酬，为他赚到了后来买船的资金。三是 34—45 岁（1983—1994），人生巅峰时期。这 10 年，他转型成了船老板。用码头搬运工赚来的钱买了一艘木船，先人一步的投资理念和发展眼光为他赚取了比普通打工者翻几番的钱，让他成了松溉社区的第一个万元户。四是 45—50 岁（1994—1999），衰退期。完成了生产工具的更新迭代，没想到水上航运进入 20 世纪 90 年代中期后已是运输市场的末位淘汰产物。伴随着铁路和公路的发展，收费贵且费时长的水路运输此时被市场抛弃，一向站在时代潮头的王光友这一次“栽”了，因前期生产资料投入成本过大，而沦为了负债者。

王光友的故事可谓喜忧参半。前半生展示了聪明且勤劳的场镇青年如何抓住时代机遇脱颖而出的“幸运者”故事；后半段则让人唏嘘地看到一个成功的船老板因错误判断行业趋势而沦为负债者的不幸故事。王光友的职业生涯故事让人看到了个体命运的兴衰乃时代发展及行业趋势共业的结果。他的遭遇可视作松溉水上运输行业 20 世纪八九十年代衰落期的一个缩影，非能力所致，乃时势也。

---

① 口述者：王光友；采访地点：松溉古镇王光友家；采访时间：2022 年 6 月 3 日。

三　从码头苦力到文化使者的方大文

与大部分老人职业生涯因年纪和体力转衰或中断相反，茶馆方大文则是在60岁后迎来了事业的第二春。

方大文是我们这次田野之旅第一个遇到的引路人。我首次遇见他是在2022年3月底的临江茶馆，没想到5月的田野之旅在“传统古法油槽坊体验馆”遇到的打扮成榨油工模样的老人与一个多月前的茶馆竟是同一个人。临江茶馆和油槽坊体验馆都是松溉古镇旅游开发公司开发的体验项目，对于老人群体而言，在晒不到大太阳的屋里头给人看馆子是个肥差，能获得这两份工作的老人不是一般人。

方大文，男，1951年生，农村居民。他身上的第一个标签是大龄初中毕业生——22岁那年才中学毕业。大龄中学毕业生对于他们这些“50后”来说倒也不罕见，因为他们小学毕业时松溉中小学教学秩序被打乱，农村的学生大多被迫中断了学习。离开学校后，回到生产队也参加集体劳动，但未成年的劳动者算的工分少一些。1970年永川二中扩招，1969年当年毕业应届生及因“文化大革命”中断学业的小学生无须通过小升初的考试便可统一进入学校学习。他因此得以重新进入中学学习，至1973年初中毕业，他成为班里年纪最大的毕业生。1978年，27岁的方大文结婚，这个年龄在松溉镇而言不算晚。婚后，方大文给做榨油的老丈人胡长清打了几年下手。用他的话说，给老丈人帮忙最开始是图热闹，体验一下，最后放弃是因为这个工作太累，不适合自己。他说：“油槽坊夏天屋子里头40多度，一般人受不了。”20世纪七八十年代，松溉古镇只剩3家油坊，川河湾的油坊为松溉最大的一家油坊。一家油坊一天可产100多斤油，全镇3个榨油坊每天榨油可达四五百斤。老丈人于20世纪90年代去世，是场镇最后一批传统古法榨油的匠人。方大文得以在

2022年初才开业的传统古法油槽坊体验馆任讲解员也是因这层关系。

直到30岁后方大文才开始当家挑担子。1982年实行家庭联产承包责任制，这是全中国农民的福音，农民第一次拥有了土地的自由使用权。在农闲的时候，他便去码头当搬运工。那时，场镇及其附近村庄的青壮年劳动力没有正式单位的一般去码头当搬运工，因为来钱快。一天下来一个搬运工能赚到十几块钱，虽然是零工，不是每天都能接到活，但一个月平均下来也有100多块钱的收入，这比在乡镇企业上班要赚得多，至少两倍。

> 那个时候，码头每天三四百号人，哪个抢到就算哪个的。我每天三四点钟就起床了，早起的鸟儿有虫吃撒，晚咯就怕机会给别个抢了。天没亮我就赶到河边，我算是去得比较早的这批人，大部分人是五六点钟赶过来这样子。每天，大概十几二十艘船停泊，船一来，大家蜂拥而上。运气好时，一天工作十几个小时，赚得到十几元钱。起早摸黑，这种日子确实苦啊。我现在腰杆不好，都是年轻时候当苦力落下的病根。①

方大文的搬运工生涯整整持续了20多年，直至2005年才正式结束。2005年这一年是他身份上的一个转折点。这一年，永川火力发电站项目三期工程开始进场征地拆迁，他所在的村土地被占，拿到补偿款后集体搬迁到松溉城镇社区。他从农村居民身份转成社区居民，上了养老保险，现在每个月从社保领取1500元的养老金。54岁成为社区居民的方大文积极参与社区的治理工作，担任了街道办文昌宫社区小组长，同时兼任松江社区小组长，这是个荣誉性的工作，每个月只有448元的补贴。除此，他还兼任社区人大代表，任了两届。因工作表现优秀，还被聘为“永川区乡贤评议坛评议员”。虽然这些身份头衔从物质上没有带给他太多的实惠，但他对目前的状况感到比较满意。这几年松溉古镇开发旅游业，他

① 口述者：方大文；采访地点：松溉古镇传统古法榨油体验坊；采访时间：2022年5月1日。

凭着口才好及多年在社区的积极表现获得了两份轻松的工作——在临江茶馆当店小二和在传统古法榨油体验坊看场兼讲解员，遇到“五一”“十一”这些大型公众假期，他还兼敲锣的更夫。每个工作出勤半天可赚 90 元，他平均每个月从旅游副业中可赚 1500 元左右。这样一来，社保养老金加上旅游副业和社区工作补贴，每个月收入 3500—4000 元。特别是旅游副业的工作让他很有成就感，在如今这个自媒体时代，他经常出现在游客微信的合影照片和抖音视频里，是松溉小有名气的“网红”。

70 岁的方大文的职业生涯展示了一个川东水码头区域普通农民在过去 50 年的职业发展经历，他的个案具有代表性：改革开放前在生产队参加集体劳动，改革开放后，农村富余劳动力来到城镇打工。码头搬运工是 20 世纪 80 年代松溉镇没有正规工作的青壮年劳动力的主要就业选择，虽然来钱快，但对身体健康的伤害极大。这个普通农民工的“改命”契机发生在他的中老年时期。2005 年，因火电厂项目需要征地拆迁，他不仅得到了一笔可观的搬迁费用，身份也转变成了城镇居民，缴纳一定数量的社保金后过了 60 岁便可领养老金，解决了后顾之忧，他终于可以和伤身体的码头苦力角色告别。更让他的人生添华彩的是古稀之年吃上了“旅游饭”，多年在社区从事服务工作的因缘使他抓住了松溉旅游发展的契机，凭借着口才和热忱，古稀之年的他获得了到松溉古镇两处游客深度体验场所任讲解员的工作机会。时下的他的身份角色是一名传播松溉文化的文化使者，无疑个人的生命意义和价值得到了提升。

四　古镇的“40 后”“50 后”们

他们是伴随中华人民共和国成立和发展起来的第一批青年。从他们青年时期的经历可以看到中华人民共和国场镇发展史的缩影。

1947 年出生的彭大爷[①]和 1955 年出生的杨大娘[②]的人生经历可视为与他们同年代的场镇非农居民的生活史缩影。

（一）他们的青少年时期

“40 后”和“50 后”的场镇青年总体受教育水平不高，多数人只接受了小学教育。

彭大爷是 1953 年上的小学。这一年，小学学制开始改成六年制，初小 4 年，高小 2 年（又称四二制）[③]。初小的课程包括语文、算数、常识；高小的课程除了语文、算数，另加历史、地理和自然。1959 年夏大他从松溉小学毕业，和他同时毕业的大概有 100 名同学。12 岁的少年此时面临着两大烦恼：一个是吃饭的问题；另一个是事关前途的问题。在吃饭问题面前，从老师到学生已经无法集中精力在课堂上，大家每天想的是下一顿怎么办的问题。场镇居民比有土地的农民显得更加脆弱，至少农民还有土地，而中华人民共和国成立前靠码头和工商业经济支撑的场镇居民即便有钱，也难买一斤粮食。彭在当时面临的第二个烦恼是未来前途的问题。因家庭原因，他没能进入公办学校就读初中。当时民办学校在教学条件、师资水平等方面与公办学校还是有不小的差距。上不了公办中学，对这个志存高远的少年无异于当头一棒。比他早 4 年出生的哥哥则幸运一些，那时镇上学生凭学习成绩来获取相对等的学校资源。考进公办中学的哥哥最后顺利考上了大学。接受采访的几名“40 后”“50 后”回忆自己青少年时期的读书境遇，都提到了一个名叫邓红文的女生。当时她学习成绩排在年级第一名，且那年小升初的考试也是全校第一名，但最后却落榜了，无缘就读永川二中这个在松溉人眼里最好的地方公办中学。同辈人感慨她本来是个读大学的料，落榜很可惜。

彭后来进入松溉民办中学，一年后（1960 年），彭就辍学了。松溉的

---

① 彭大爷，化名，尊重被访人意愿而采取的化名。

② 杨大娘，化名，尊重被访人意愿而采取的化名。

③ 1960—1965 年，在部分小学进行 5 年一贯制。1966 年，小学四二制改为五年制。

中小学相继停课，学生们被迫中断学业。彭的课堂学习生涯宣告结束，满打满算上了7年学。十二三岁的彭和大部分场镇青少年一样歇在家里，日常靠养兔子、打些零工、到地里捡一些麦穗及柴火度日，空闲的时候和邻居小伙伴们打一下篮球。1962年9月，松溉的中小学才恢复正常的教学活动。但已辍学的学生大多没有回到课堂。

1955年出生的杨大娘幸运一些，她读完了初中，这在镇上来说算是高学历了。她到了上小学的年纪时，1959—1961年的“三年自然灾害”刚好结束，社会开始逐步恢复正常秩序。从1962年开始，政府开始恢复包工、包产、超产奖励的责任制后，有效遏制了不顾科学规律的“浮夸风”，社会经济好转。教育是社会结构的一环，当社会回归常态，教育自然也回归正轨，所以杨大娘得以正常地完成了正规的小学和初中的全部课程学习。1970年她小学毕业，赶上当时的一个新政策——“1969年以前毕业的小学生，以16岁为界限，超过的下农村（知识青年下乡），没有超过16岁的青少年统一进入永川二中读书”①。他们这一届小学毕业生与1969年以前因“文化大革命”辍学的大龄往届生没有通过小升初的考试直接进入了当时松溉最好的公办中学——永川二中。1973年这届初中毕业生是永川二中有史以来人数最多的一届——那一届毕业生一共9个班，一个班五六十人，整个年级总共约500人。这么多的毕业生，只能推选一个班的学生继续读高中，也即9∶1的比例，用现在一个流行的词语叫“高度内卷”。能不能上高中除了看个人成绩，还得看和老师及校长的关系。杨大娘当时的成绩经常排在班里的前几名，是同年级成绩排位第一梯队的女生代表，照理是可以进入读高中的名额的。“当时班主任让我去，但最后校长不让我去。”她的高中梦和大学梦戛然而止。

（二）他们的工作机会

20世纪六七十年代对于大部分“40后”“50后”的场镇青年是漫长的20年。他们的大部分时间消耗在日复一日的集体劳动中。每逢县劳动

---

① 口述者：杨大娘；采访地点：松溉镇；采访时间：2022年6月3日。

局发布年度的用工指标，数以百计的年轻人报名竞争一个岗位。对于松溉的场镇青年而言，他们排位第一的理想工作单位是当时的火柴厂，其次是印刷厂和衡器厂。火柴厂是国营企业，工资高，工作也稳定。而印刷厂和衡器厂在二轻企业里劳动强度相对较低且工资性价比高，故成为场镇青年青睐的理想职业。但一个场镇只有那么大的经济体量，一个手工行业单位的编制常年固定在十几二十名员工，一般情况下只接纳本单位老员工的子女。稀缺的工作资源导致普遍性的任人唯亲式选才，没人脉关系的年轻人在就业市场是极其弱势的群体。

“文化大革命”结束后，也差不多到了“知识青年上山下乡”运动的末期。松溉场镇的青年于1978年基本上都回到了场镇。这个时候，他们开始面临找工作的问题。松溉这样的小地方，并没有太理想的工作机会。面对近千人的待岗青年群体，镇上的安排是这样的：一部分交由父母所在单位解决，即所谓的“接班”；父母无单位的青年大部分人进了乡镇企业。乡镇企业是20世纪70年代末80年代初的新产物，相当部分原因是为了解决回城镇青年就业问题而成立的。建材厂、建筑公司、手工行业的二轻企业是松溉返镇青年们的主要分流地。① 当时，建材厂吸纳了100多名年轻人，建筑企业吸纳了四五十名，二轻企业、供销社、交通等行业各吸纳了几十名。剩下的进入了由街道或生产大队成立的生产服务小组。

1978年，只有两个人进入了教育行业，其中一个是彭大爷，另外一个是接父亲班的皮姓青年。已经30岁的彭能当老师，很大程度上得益于他姨父的帮助及一个撞上的“机遇”。他的姨父是当时四川大学文科处处长，对自己侄儿这么多年的遭遇深表同情，一直以来都在鼓励和帮助他，督促他多读书，也送了不少书籍给他，教导他机会总是留给准备好的人。正巧，那年松溉中学的一个体育老师生病了，学校招体育老师，正好他篮球打得不错，这个学历不高的年轻人因此被破格招了进来。他在学校

① 据《永川市志·松溉镇志》的统计，1993年的乡镇企业职工户口在城镇人员达458名（工业企业142人，建筑企业316人）。

当体育老师的时间不长。当时不像今天这般看重体育，“德智体美劳”五育中，更重视的是“智”育。所以只干了半年体育老师，他就被转岗去当语文老师了。他边工作边学习，在渝州教育学院（现在的重庆文理学院）又进修了三年半才拿到正式的教师资格证。1982年，彭转正成为公办老师。从1979年始，彭大爷在松溉中学语文教师这个岗位一直干到2004年，退休这年是57岁。

杨大娘的工作经历可以说是“50后”场镇女青年的一个缩影。没有特别的技能，只能进一些随时可能倒闭的乡镇企业。1978年下半年，重庆市第九建筑队到镇上招工人，招聘名额多达30人。镇上的青年男女大多数报了名，因为相对而言这是个不错的工作机会。杨也报名了，但没有被招录。失败的原因是个子太矮。招聘方要求女方身高至少1.48米以上，男生1.55米以上。而她身高差了几厘米。“招工表我都填了。人家问我有何特长，我填了会计。会计人家是要的，但因身高没有走成。”后来，她进了所在生产队办的企业——四综合组，去当了会计。她记得第一份工作工资是18元一个月，比镇办企业工资要低，但省吃俭用的她每个月还能剩一点，有时剩1块5、2块，多的时候能剩个3块。这个工作干了一年多，1979年底她就被调到了社办企业，这个时候工资涨到了21块钱。1979年她结了婚。丈夫在水塔工作，他的收入一个月是28块。这样的家庭在20世纪70年代末80年代初是理想的组合：夫妻二人双职工，有稳定工作和收入。1981年，她为家里添置了第一样“大件”——“红岩牌”缝纫机。在20世纪80年代初，中国普通人家庭的三大件是缝纫机、自行车和手表，拥有缝纫机是一个小康家庭的标志。这台缝纫机花了100多块钱，是她半年的工资，她说是她攒了一年的钱买下的。这台缝纫机是在隔壁朱杨溪镇供销社买的，因为当时松溉供销社没货了。那个时候必须凭票购买，货源紧张，一个场镇的供销社每月仅供应几台，一般人家想买到自己心仪的货物是很不容易的事情。她是托熟人好不容易才买到的。但她说这个时候有缝纫机在松溉已经不算什么新鲜事了，在20世纪70年代松溉街上就有裁缝踩缝纫机缝补接活的了。她买缝纫机的动机是这一年她孩子出生了，日常少不了缝缝补补，买布料自己缝补要经济实惠一些。她在社办企业待的时间也不长，1983 年就被下调到松溉建筑大队，还是干会计的工作。这个下调在她看来是“经济又实惠”。“这份工作经常出差，到工地还有补助，能攒下更多的钱。”这是她职业生涯最长的一段，也是最有感情的一段。这份工作她干了 10 年。1993 年，这个建筑队解散了，她又被调到长江建筑公司当会计。好景不长，这家企业在 1995 年破产了，她又一次下岗，被退回原来的建筑队，幸好原来的建筑队有一些固定资产，卖掉几间房子后，给员工买了社保。这在乡镇企业的破产企业中算是良心企业了。1995 年，杨大娘正式开始了她的退休生活。现在她每月能领将近 2000 元的退休金，作为一个居委会的服务人员每年还能从居委会那里拿 5000 多元的补助。对于自己的遭遇，她的自我评价是“幸运”。“松溉我这个年纪的女性，我的运气还算是好的。我这一届（1973 年）的毕业生，家里子女多的都要下乡。1978 年回来后分配的工作多是不景气的单位，有的没干几年就下岗了。乡镇企业里面，像我这样的在松溉场镇找不到第二个了。”显然，杨大娘对现状是满意的。这份满意是基于与其他同龄人对比后的知足。

（四）他们的晚年生活

在场镇的 65 岁以上的老人群体中，依退休金/养老金的多寡可分为以下几类人群：第一个层次：退休金在 5000 元以上的老人，这部分老人主要是基层公务员、教师等编制人员；第二个层次：退休金在 4000—5000 元的老人，主要是火柴厂和衡器厂的老工人；第三个层次：退休金在 3000—4000 元的老人，主要是工龄在 30 年以上的原二轻企业的退休工人；第四个层次：退休金在 2000—3000 元的老人，主要是工龄在 20 年以上的原乡镇企业退休工人；第五个层次：1000—2000 元的“超龄保”老人群体。第四、第五等级退休金/养老金群体是松溉老人群体的主体族群，可以看出青年时期经历了中华人民共和国最困难时期的“40 后”“50 后”目前养老问题得到了较妥善的解决。

他们中的大部分人一天的活动路径大致如下：清晨六七点和傍晚六七点，居住在菜园路社区和古镇内圈的老人喜欢聚集在上码头台坎的那两棵黄桷树小憩园，观望长江来往的商船，遇到朋友则摆下龙门阵；住半边街和文昌街的喜欢到北门锁钥台坎的石桌歇个脚。待茶馆开门，几个朋友相约到茶馆打牌，一个半天一个人 10 元，牌瘾大的则上下半场都打，一天下来共 20 元。看完新闻，早睡早起的部分老人开始洗漱，晚睡的老人则继续看一些抗日剧或谍战剧，直至连放几集的电视连续剧播完。第二天，这样的日子照旧。逢 3、6、10 的赶场场期，他们几乎逢场必赶，一是能买到更便宜、更新鲜的蔬菜；二就是喜欢图个热闹。虽然松溉是个旅游古镇，节假日游客亦喧嚣，但这些老人和游客几乎是两个平行的世界，让人感到他们真正做到了“结庐在人境，而无车马喧”的境界，非常奇妙。

第五章　手工行业的变迁及手艺人境遇

在松溉古镇，我们遇到的老人群体中，有很多自称是二轻企业的工人。二轻企业这个名词对于一个40岁出头的中年人来说尚且陌生，更别提随行的两个20岁出头的年轻人了。经过老人们的解惑，才知道是指生活资料生产企业，主要是手工行业。自18世纪60年代工业革命开始，经过200多年的机器化生产扩张历程，手工行业在现代化国家已然沦为了一种“非遗”文化。在我国亦然。据1954年的调查，中国有个体手工业劳动者约800万人，农村兼营商品性手工业生产的约1200万人，手工业产值占当年全国工业总产值的20%，个体手工业劳动者每人平均年产值890元，只及同时期大工业工人平均年产值的1/10。① 这个数据显示，在社会主义改造前的中国社会，手工行业的从业者体量是社会劳动者的主体人群。但同时也显示，20世纪50年代，手工行业创造的产值与机器化生产的工业产值相比，已是强弩之末。

作为最基层的下沉市场，场镇是窥探手工行业变迁的最理想窗口，在城市化进程中，这里仍能看到部分手工行业及其从业者衰落的最后时刻。

---

① 中华全国手工业合作总社、中共中央党史研究室编：《中国手工业合作化和城镇集体工业的发展（第一卷）》，中共党史出版社1992年版，第3页。

一　手工行业的历史变迁

（一）中华人民共和国成立前的手工业①

在民国时期，松溉的社会生活呈现的繁荣景观在很大程度上有赖于它的工商业。松溉老镇的十里石板长街两旁商铺鳞次栉比，数百家商铺中相当部分是自产自销。其中酿酒、榨油、纺织、木器铁器金银器加工等在川东、川南、黔北等地有较广阔市场。

酿酒、榨油业：松溉的酿酒和榨油作坊往往合而为一，酿酒的也多榨油，故又名“油槽坊”。20世纪20年代前后，酿酒槽坊最鼎盛期曾拓展到30余家，上起两路口，下沿新街、观音阁街、黄桷树街，直至镇东的川河湾，复沿川河湾而上至上码头街，绵延5千米之间，槽坊遍布，酒香四溢。川河湾的黄星如一人就经营槽坊5间，盛极一时。至20世纪20年代末期，在优胜劣汰的竞争环境下，剩下的尚不足20家了。迄至中华人民共和国成立前，经营历史在20年以上的，有川和全、永和全、集义全、长胜全、汇林吕、怡庆长（解放街北段的陈家经营）、干顺祥、同德亨、吉泰等商号。

大多槽坊日投原料红粮一石二斗，每斗重25公斤。产量约合现在57度酒的52%至55%，以正常年度计，20家槽坊，年可产酒240万斤。由水路运至贵州北面仁怀、桐梓等县乡，年销售量约20万斤。每年内销本镇约10万斤。

松溉产的白酒，月产量达万斤，可获利润200元以上。全面抗战爆发后，酒精需求量剧增，给松溉酿酒业带来发展的机会。至中华人民共和国成立前夕，尚存的槽坊有川和全（经理干继辉）、永和全（经理张国

① 《永川市松溉镇志》编纂委员会编纂：《永川市志·松溉镇志》，2010年版，第116—119页。

梁)、川和荣（经理王述文）、宏裕（经理发树德）、德和长（经理张光远)、新福记（经理周荣卿）、汇林昌（经理陈利兵）、吉泰（经理张吉古)、集义全（经理尧辉廷）、大生（经理陈盂恭）等14家。

酱园业：酱园业生产的豆油、麸醋、豆瓣、盐白菜、豆豉酱等调味品质量颇佳，曾于20世纪30年代在成都博览会上获得优质奖状。该业商户先后有六和春、万胜和、同顺和、肖德斋、豫义恒、罗席珍、厚记、喻吉祥、陈德林、谭桂云、阳子华、聂世贵、凌泽楷、罗敬修、刘绍祥、王福全、邓超韩、万福同、唐寿书等。中华人民共和国成立前夕，仍在营业者为厚记、喻吉祥、陈德林、万胜和、聂世贵、阳子华、邓超韩、肖德斋、罗敬修、刘绍祥、唐寿书等数十家。

纺织业：这是松溉场镇从业者最多的手工业。在20世纪20年代中期，机制棉纱还没有大量涌入四川占领农村市场以前，全是用原棉弹茸搓成30厘米长的扁条，以土车用人工制成土纱，用以织布。每人每天一般能纺2两至3两。手足矫健者每天最多只能纺半斤之数。以此换取条花，每斤可得1/4的手纺费。按照当时条花的价格，值1角5分，足够每人一天的生活费且有余。所以在那段时间里，除大地主和一部分殷实富户外，大多家庭都备有手纺土纱车一部。“呜呜”之声，充盈里巷。拥有木机20台以上的，每台日织土布一匹①的，只有益盛鑫、来远、源茂数家。其他三台、两台木机的，沿街遍布。供应市场用的50尺长、12寸宽的土纱窄布，本地耗用约为70%，其余销往黔北一带。中华人民共和国成立前，使用机制纱纺织的窄布和22寸宽布的织布作坊仍有70余家。

木器铁器金银器加工业：20世纪30年代经营木制家具业的，有程仕明、杨益三、姜白如、何晚樵、陈绍卿等；铁器加工业有小炉10余家，制作农业用品如锄头、镰刀、耙梳等，家用器具如菜刀、柴刀、火钳、炉桥、门扣、大小铁钉等。中华人民共和国成立前后，无甚兴衰，大多正常营业。金银器加工业有夏盛源、万月卿、万香芹、杨金和4家。1939

① 一匹布，约13米长。

年，松溉建立纺织实验区，重庆的丹凤银楼曾来此设立营业点。不到两年，因业务清淡撤回重庆。

其他的手工业包括烟丝加工、竹编藤编、鞭炮加工、刺绣缝纫、印刷裱槽、匾对纸扎、度量衡加工等60余个作坊，从业人员近300人。

（二）中华人民共和国成立后的手工业

中华人民共和国成立后，以前私人所有的手工作坊生产资料统一实施公有化。各行各业的手艺人被重新组织和整合。1956年，辖区完成对私营工业、手工业和商业的社会主义改造，共计598户1953人，其中手工业167户，从业人员312人。私营手工业作坊被改造成6个生产社（铁工社、木器社、竹器社、染织社、印刷社、度量衡社），62户，从业人员89人，其中职工3人。1958年，全国实行公社化，提出私人所属的工业设备、厂房、手工业设备为国家和人民公社所有。①

1962年，按照手工业“调整、恢复、改进”的方针，手工行业从业者队伍缩减。将原和平印刷厂设在松溉的门市划出8人，城关度量衡社划出10人，建立松溉印刷生产合作社和度量衡生产合作社，实行单独经济核算；由供销社分出的4名弹花工人，成立弹花生产合作小组；染织业由于生产混乱，不便核算，划为染织生产社（9人）和针织供销生产组（6人）；铁工社压缩34人，其中回镇4人（原公社农具厂职工），保留30人；木器社压缩返回农村2人，保留12人；竹器社保留11人；缝纫社保留17人；组织闲散居民中和铁工社压缩人员中的农具木匠11人，恢复木器生产社；组织从各厂矿精简返镇的闲散石工、泥工、木工、手工等26人建立修缮合作社。经过调整，辖区共有统一生产经营、统负盈亏、统一核算的生产合作社8个，计100余人，生产小组1个，计4人，各自计算盈亏的针织供销社生产组1个，还有个专门修缮的合作社。②这部分被纳入“正规的工人阶级”队伍。有稳定工作的工人阶级是当时时

① 《永川市松溉镇志》编纂委员会编纂：《永川市志·松溉镇志》，2010年版，第119页。
② 《永川市松溉镇志》编纂委员会编纂：《永川市志·松溉镇志》，2010年版，第117—120页。

代社会地位最高的人群，亦是婚嫁市场的宠儿。

1962 年，松溉镇手工业营业总额 93560 元，纳营业税 4811 元，纳所得税 1025 元，利润 4733 元。①

20 世纪七八十年代，随着我国工业化水平进一步发展，机器化逐步取代传统手工业，这直接导致了手工行业逐步退出市场。1980 年 9 月，松溉铁竹衡器具社被划分为永川县松溉铁工社、永川县松溉竹器社和永川县衡器社，各社自行独立核算、自负盈亏。1984 年，除了衡器社苟延残喘，缝纫社、铁工社和竹器社等手工企业皆解散。

随着市场经济的深入及社会的发展，至 20 世纪 90 年代中期，松溉所有的二轻企业基本解体、解散。笔者根据在松溉镇与 5 名二轻企业退休工人的访谈，梳理了“手工六社”的起讫时间表（见表 5. 1）：

表 5. 1　“手工六社”的起讫时间

企业名称	起讫时间	常规员工数	现存退休人员
铁工社	20 世纪 50 年代—80 年代初	15—20 人	1 人
竹器社	20 世纪 50 年代—80 年代初	15—20 人	3 人
衡器社	20 世纪 50 年代—90 年代中	15—20 人	4 人
木器社	20 世纪 50 年代—80 年代初	15—20 人	1 人
染织社	20 世纪 50 年代—80 年代初	15—20 人	2 人
印刷社	20 世纪 50 年代—90 年代中	30—40 人	10 人+

从表 5. 1 可见，20 世纪 50 年代中期成立的“手工六社”在 20 世纪六七十年代常规时期的职工成员数平均在 20 人左右。“手工六社”中，现存领退休金群体最多的一个单位是印刷社，因为该社工人数量较多且解体时间较晚，20 世纪 80 年代又新进了一批年轻职工，故仍有 10 多名退休人员在世。总体而言，第一批、第二批进“手工六社”的技术工人现在在世的寥寥无几，都是个位数。像染织社的老师傅们无一人在世，领退休金的几名老人是当时采购部和销售部的年轻人。在“40 后”“50

① 《永川市松溉镇志》编纂委员会编纂：《永川市志 · 松溉镇志》，2010 年版，第 120 页。

后”这波老匠人群体中，还能靠技艺赚点零花钱的老匠人只剩下衡器社的熊德兴一人。

二　时代变迁中的手艺人

（一）衡器厂最后的工人——熊德兴

当我们向当地的老居民问：“谁是松溉的老匠人代表?”路人不约而同地回答：“熊氏杆秤的熊家。”熊德兴这个名字，对于文化遗产专业的我们而言不陌生，几乎每一届的学生在进行非遗传承人调查时都采访过他。

图 5.1　20 世纪 90 年代的松溉衡器厂

（图片来源：熊德兴提供）

熊德兴，1952 年生人。父亲熊世荣，母亲周守军。家里 6 个兄弟姐妹，排行老二。除了大哥在车站工作，妹妹当兽医，兄弟 4 人（老二、老三、老四、老五）都曾从事制秤工作。

在松溉的手艺人群体中，他是获得荣誉最多也是最高的一个。2009年获得“重庆市非物质文化遗产传承人”称号，上过中央电视台，被作为“重庆最后一批手工制秤工匠”的名片来宣传。

1. 生于制秤世家

“熊氏杆秤”是目前松溉手工行业唯一留下来的“百年老字号”。杆秤是中国传统智慧的遗存物，与尺、斗并称“中国度量衡三大件”。清末民初，自熊德兴曾祖父熊兴元这一代开始制秤，自创品牌“熊氏杆秤”。爷爷熊裕胜为第二代传承人，父亲熊世荣为第三代传承人，到了他这一代，“熊氏杆秤”已传了四代。

生于制秤世家的熊德兴十来岁就开始帮助父亲制作杆秤。当时，父亲是松溉衡器社的一名技工，普通工人主要按计件来发薪水，做好一把小秤才 6 角的手工费，多劳多得。而制一杆秤工序繁杂，多达 23 道工序[①]，若没人帮忙，一个人一天恐怕连一杆秤都完不成。养活一个八口之家，是不容易的事情。所以，为了制造更多的杆秤，家里的子女需齐上阵来协助。在子女的帮助下，父亲一个月能制四五十杆秤，每月拿到手的工资平均在 33 元左右。这在衡器社的技工群体中算是最高的工资了。

熊德兴读完小学，刚进初中的时候就赶上了“文化大革命”，他因此辍学回家帮父亲做秤。十五六岁的熊德兴在此期间学会了做秤。1970 年，18 岁的他加入了知识青年上山下乡的行列，当了 8 年的知青，1978 年下半年回城。他的第一份工作是到重庆第九建筑公司上班，同批返城的知识青年中三四十人去了这家企业。在建筑公司干了三四年，他才去了衡器厂上班。那个时候青年人找工作一般有两条路径：一是“接班”（顶替父母的工作岗位）；二是到所在乡镇和生产队办的乡镇企业。20 世纪 70 年代末 80 年代初，他们熊家四兄弟先后进了松溉衡器社，熊氏父子五人几乎包办了衡器社一半以上的产量，故有乡里人戏称衡器社为熊家的。

“我刚进厂的时候，当了 3 年学徒工，那时才拿 18 块钱一个月。后

---

① 23 道工序包括刨、磨、钻孔、嵌星、上漆、抛光等，而且所用到的工具也繁多，包括手推刨、手钻、铁砧子、砂轮、秤钩、铁钳、叨口等。

来转正为技工了，工资慢慢由 20 多涨到了 30 多。”

从 1982 年开始，熊德兴再也没有离开过松溉衡器社（1986 年改名松溉衡器厂），直至 1997 年衡器厂解体。

2. 制秤业的兴与衰

作为一个在制秤世家成长起来的制秤人，熊德兴经历了制秤业的兴与衰。

在电子秤还没有出现的时代，手工杆秤是松溉场镇各大商铺及乡镇农民进行贸易时的必需品，场镇做小生意的人手至少一个杆秤。因衡器是特种行业，事关市场交易秩序，只有通过技监局检查考核颁发特种经营许可证才能经营。当时永川整个县只有两三家衡器社，中部和南部这几个镇只有松溉衡器社这一家有经营权，包括何埂、聚美、江津石蟆的乡民都必须跨镇来购买。近乎垄断的经营特权使这家只有十几名工人的衡器社的杆秤在 20 世纪六七十年代处于供不应求的局面。

回忆起 20 世纪六七十年代乡民在他家门口排队购买杆秤的情景，他仍记忆犹新：“六七十年代，是杆秤的黄金期。六七十年代人们买秤是不容易的。附近乡民赶场的时候，需要买秤的，早早就在我家门前排队，队伍排到邮局那边，每次赶场的时候都有好几十个人在门口排队的。”

为应对不同客户的需求，熊家父子制造了数款不同重量规格的产品：有 2 千克、5 千克、10 千克、15 千克、30 千克、100 千克、150 千克、200 千克的杆秤。其中主打产品是 15 千克和 30 千克规格的杆秤，一般生意人多购买这两个规格的。150 千克和 200 千克规格的杆秤多是养猪户专门定购。

1984 年，国家开始对效益不好的企业实行“关、停、并、撤”措施，松溉诸多乡镇企业被撤销，隔壁的铁工社和竹器社就解散了。他们衡器社的效益这个时候还可以，因此得以保留了下来，但此时人心已浮动，很多年轻人厌烦了日复一日的重复劳动，开始转行，包括自家的几名兄弟。他的几个弟弟先后离职，有的转行去了餐饮行业，有的去干了个体户。不知不觉来到 20 世纪 90 年代，厂里的工人走得差不多了，只剩下了他一个人。

20世纪80年代末90年代初，他明显感觉到了秤很快卖不动了。20世纪七八十年代初一个月还能卖掉四五百杆秤，到了20世纪90年代初，销量一下子就降下来了，一年只能卖出四五百杆秤。他分析原因：一个是这个时候电子秤也普及到重庆的乡镇，越来越多的年轻商户选择了电子秤；第二个是场镇的年轻人开始到外地打工去了，大家的出路多了，以前靠做点小买卖才维持生计的生活方式也变了，商贩少了，自然用杆秤的客户就少了。而且一杆秤往往能用10年、20年，市场早就饱和了。他选择留下来的原因是大家都走了，而20世纪90年代中期这会儿每年还能有四五百把秤的销量，一年下来大概6000元的收入，比起其他在乡镇企业上班的同龄人收入还是高一些。

没想到，无奈之下的坚守为他带来了后面意想不到的荣誉身份："重庆市非物质文化遗产传承人"。

图5.2　熊德兴自制的杆秤

图5.3　熊德兴家墙上挂的自制的杆秤

3. 新身份：非物质文化遗产传承人

进入21世纪，手工杆秤几乎就卖不动了。此时已退休的熊德兴仍守着这份祖业，制秤此时已和温饱无关，成了他打发时间的一个爱好。天气好的时候，他搬出一个小板凳到家门口晒着太阳做一杆小秤。一个月还是能卖掉十来杆，都是一些老客户，主要是附近村过来赶场的蔬菜贩子和家禽小商贩。

2002年，松溉镇被评为"重庆市十大历史文化名镇"，新一届镇政府提出了“打造旅游名镇”的目标，古老的松溉镇这时迎来了一次大的发展契机。除了恢复一些历史文物和建筑景观，挖掘特色传统文化也被纳入了旅游开发的项目。2007年，松溉古镇首游式隆重举行。为了打造这张“长江第一古镇”的名片，镇上的传统行业的手艺人被召集了起来。熊德兴于2009年获得了“重庆市非物质文化遗产传承人”称号，这一荣誉是手艺人的最高荣誉了，而且有实惠——一年多了5000元的传承人补助。

对于现在的生活，这个70多岁的老人总体是满意的，他在他们同龄的退休手艺人群体中退休工资是最高的，现在一个月能拿到4000多元①。但面对这门手艺何去何从，这个第四代手工杆秤传承人无可奈何道：“时代变咯。”②

（二）松溉最后的铁匠——张才元

我们是在上码头台坎边的黄桷树小憩园遇到张才元的，他几乎每天傍晚都要到树下来坐一会儿。从穿着打扮能看出这是一个有个性的老人。他头戴一顶黑色的瓜皮帽，脖子戴着一串佛珠项链，着一身唐装长褂，右手拇指留着长约10厘米的指甲，脚蹬老北京布鞋，活脱脱一个前朝古人的打扮。一般很难把他和铁匠的身份联系起来。对于这身行头，镇上的老居民说他这十几年才这么穿的，以前不这么穿。熟悉他的同辈人说他这是为了标新立异，引起别人的关注。他年轻的时候在镇上是个文娱积极分子。

张才元，男，1943年生，家里有两兄弟，其为老大，育有3个子女。他是铁工社目前唯一在世的退休工人，见证了铁工社过去60年的兴衰。

> 松溉铁工社是1958年成立的，在“六社”中是最早解体

① 熊德兴年龄不是最大，但同辈人中他工龄最长，大部分人在20世纪80年代和90年代初就被迫下岗了，他直至20世纪90年代末才下岗，在松溉手工企业“六社”中是最后一个离开的。

② 采访时间：2022年5月1日；采访地点：松溉古镇熊德兴家。

的。原名“松溉农具厂”，在“文化大革命”时期更名为“松溉铁工社”。主要生产农具、火钳、铁钳、钳刀、镰刀、耙梳等，在企业全盛期有 20 多名工人。

图 5.4　铁匠张才元

1962 年，我 19 岁，经人介绍进铁工社当学徒。当时我是最年轻的学徒，也是我们铁工社最后一个学徒。学徒时期，15 块钱一个月的工资。铁工社在“六社”中环境最为艰苦，3 个人一组一个炉子，要锻打的铁器先在火炉中烧红，然后移到大铁墩上，由师傅掌主锤，下手握大锤进行锻打。当时我们的工作任务有定额：每天要打镰刀 32 把或者耙梳 12 把或者锄头 12 把。初始，铁工社每天打的铁器交给供销社来负责销售。从 1970 年中后期开始，转为“自产自销”。

那个时候没得车子，每天背着几十公斤的铁器走乡串寨，一天走二三十里路，辛苦得很。早上我三四点就要出门，趁天亮之前必须赶到隔壁场镇的农贸市场，晚点就没得好摊位啦。我主要转江津的板桥镇，还有我们永川的朱沱、转角店、何埂这 3 个乡，他们的场子比较大。每天外出销售物品的钱，回来要全部上交单位，最后每个月发工资才从会计那里领取工资。1984 年铁工社经营不善被迫解体，通过变卖资产，我们在职职工分得一些遣散费，我用这笔钱买了一些制铁工具，开始了我的个体铁匠生涯。

20 世纪八九十年代，我们铁匠收入还算可以。我每天能做镰刀20多把、能做耙梳八九把、能做火钳20把左右、能做齐刀10多把，等到赶场的时候拿出去卖，一个月能挣到四五百元。20世纪90年代一个月能挣到几百块钱还是可以的，那时的钱比现在值钱。后面铁器就不好卖咯。现在还是卖得到几百块钱，但是现在几百块买得到啥子嘛？好在后面给我们解决养老保险的问题了，现在我养老金可以拿到3000多点，可惜我们那批工友除了我都死完了。

张才元的铁匠职业生涯持续到72岁，这一年他感到自己抡不动铁锤了，而且生病的老伴需要人照顾，这才停止了打铁和赶场。他是个念旧的人，对旧时光、对逝去的工友们，以及对与自己相伴了50多年的谋生工具，都充满了感情。眼看着那些铁器制品早已锈迹斑斑，他就是舍不得丢弃，直至2022年4月才把他的打铁工具转让，正式宣告退休。[①]

（三）竹器社最后的见证者——赖长明

没有第一天对熊氏杆秤传承人熊德兴的深入采访，我们不会知道中华人民共和国成立后松溉“手工六社”的存在。没有陈家大院看家人彭天佑老人的引领，我们很难知道午后半边街那几个坐在小板凳上晒太阳的老人是竹器社的退休工人。

赖长明或许是现在唯一一个能将竹器社的历史说明白的老人了。

赖长明，男，竹器社退休工人，1942年生，住半边街。

竹器社，1954年成立，当时厂址就在原陈家大院的怡庆长油槽坊旧址，厂长姓周。我是1958年16岁时进厂的。1959年，当时松溉的党委书记黄书记要求企业把我们这些户口是街上的工人下放[②]。1963年，重新成立竹器社，把我们重新召集回来，

---

① 采访时间：2022年5月2日；采访地点：松溉古镇上码头黄桷树景观台。

② 下放，老人这里表达的意思是“遣散回家”。

把原来的厂搬到现在的紫云宫。

20世纪60年代我的工资是25元一个月，每年涨一点，到1984年解散时我的工资是43元。那时的工资论天计算，月薪套计件。一块五一天，按25天算。

1977年，我们竹器社和铁工社、衡器社合并为“铁竹衡器厂”，总共三四十名工人。一两年后，又分开，各干各的。1984年，实行“关停并转”政策。关，关门；停，就是停止；并，并合；转，转制。贵州实行这项政策还更早一些。我们怎么知道的呢？因为我们的竹子，主要是楠竹，都是从贵州那边来的。那年照例去贵州采购楠竹原材料，才得知贵州这时已经全部撤销了。不久，我们和铁工社就被撤销了。当时衡器厂还有点业务，就是现在熊氏杆秤的熊家还继续经营。我们和铁工社的工人基本上全部离开单位了。

1984年，竹器社撤销后，那时我才42岁，家里娃娃还在读书，必须要找钱。最初到码头下苦力，3毛钱100斤的货物来回一趟。我担过煤炭、卖过煤油，还给别人用竹子编织一些家庭生活用的小物件。我在紫云宫那边卖了好多年煤炭。

到了2003年、2004年，我们当时二轻企业的很多人满60岁了，却没有拿到退休金。当时市政府的说法是把我们当农村人口了，社保要企业来买。历史遗留的问题，他们也很难办。后来，他们给50岁以下的下岗工人买了社保，超龄的就暂时不给解决。我们这些超龄的啷个办嘛？年轻给国家作贡献，老了就不管我们是不是哦？过了几年，我们这个退休养老保险的问题才给解决。我们大概是2008年开始拿到养老金的。一开始才400多块钱，每年加一点，现在（2022年）能拿到3000块钱左右。现在还是可以。

赖长明老人的口述给我们补充了20世纪80年代乡镇企业下岗工人的

这段经历，方了解这群中年失业的手艺人当时的生活如此艰辛。“手工六社”中其他行业尚可依靠原来的手艺转型为个体户，他们则很难靠编竹子的手艺在市场中生存——不具有衡器这类特种行业只此一家的商品独特性，不像铁器需要一定工具才能铸，也没有裁缝那样的客户群。竹器社的工人转型之路最是艰难：编织凉席这样的大件需要自己去外地采购材料，不现实；而编织小件吧，大多数居民可以自己动手制作。自谋职业出路阶段的他们只能从事最繁重的体力劳动，而且还要同时干几份活才能维持生计。更不幸的是，他们这批 1984 年的乡镇企业下岗者进入老年阶段差点成为养老没有保障的一群人。幸而养老保险最终得到解决，终于迎来了人生“可以歇歇咯”的阶段。①

（四）“奶奶的裁缝铺”掌柜——王真华

松溉古镇临江街（游人进入古镇的直街）有一家“奶奶的裁缝铺”，裁缝铺里有一台 40 年以上的“上海牌”缝纫机，一张两米长的裁布桌，房梁的横杆上挂了几件小孩穿的中式棉袄，这样的图景让人恍若回到了 20 世纪七八十年代的老时光。

店里的掌柜名叫王真华，今年 77 岁，是镇上的居民。因这温暖的店名和怀旧的布景，路过的不少游客情不自禁进来打卡甚至合影。虽然在网络上有一定的知名度，也上过重庆电视台，但这网红效应在现实生活中并未给她的小棉袄销售带来多大的经济利益。赶上“五一”“端午”等节假日，一天能卖几件棉袄，但平日里不开张是常态。她的裁缝铺只卖一个品种的衣服——棉袄，分 4 种价钱规格：3 岁小孩的棉袄 30 元一件，大一点的小孩棉袄 50 元一件，再大点的棉袄 80 元一件，成人的棉衣则 150 元一件。材料所需的棉花在当地购买，布料则从泸州批发托熟人捎带过来。

在这样一个众人“淘宝”的时代，她的棉袄着实没有太大的竞争力。但仍得益于自己店铺位于游客中心区的有利位置，在一些怀旧情怀型游

---

① 采访时间：2022 年 5 月 3 日；采访地点：松溉古镇半边街。

图 5.5 “奶奶的裁缝铺”店景

客的帮衬下，平均每个月亦有 1000 多元的收入。因这家店本是自己的住宅，无须店铺房租，故没有什么压力。

和前面提到的熊德兴、张才元、赖长明的身份不同，她不是“手工六社”的职工，她原来单位的性质是社办企业①下面的缝纫组。对于场镇的居民而言，进入“手工六社”的手工艺人才是手工行业最高水平的代表。所以面对我们的采访，她委婉地表达道：“我就是一个普通人，谈不上多好的手艺，也就只会做这些棉袄褂子。”她最不普通的个人经历是 1975 年入了党，是个有将近 50 年党龄的老党员，当了 15 年的支部书记。

她说她走上裁缝这条路并非年轻时候的最初理想。

我年轻的时候不想当裁缝。我母亲就是个裁缝，她 9 岁就学会用手工做衣裳。解放前我父亲是开染坊的，子承父业。我父亲叫王俊海，他开的染织坊在我们临江街当时是最大的一家。我小的时候看见那些染织工总是干到凌晨都没得歇，感觉这一

① 社办企业又称社队企业，是我国人民公社制度的产物，兴起于 1958 年的“公社工业化”，即在农业合作化和集体化过程中，由农村人民公社和生产大队、生产队办起来的集体所有制企业。

行太辛苦，就没得兴趣。

1960年，我小学毕业，没有考上公办初中，上了两年民中。初中毕业过后，想到外面闯一闯。啥子都做过，棒棒也做过。这里干几个月那里干几个月，我先后在永川玻璃厂、柏林酒厂上过班，还在铁路上挖过几个月沟。那个年代找个稳定的单位很不容易。1965年回来结婚，我爱人是荣昌煤矿的。娃娃出生后，出去打工不现实，所以我开始在家和母亲学习做裁缝，接一些缝缝补补的零活，也是从这个时候我才认真学习缝纫这门技术的。我就是靠这门手艺养大我4个娃的。

这家店铺是我20世纪70年代买下来的。主要原因是我家男娃多，孩子小免不了哭哭闹闹，又调皮，后来人家房东就不愿意租给我们了。我们干脆和亲戚朋友借钱，借了300块钱买下来的。20世纪70年代，乡镇成立了一些社办企业解决青年人就业问题，我们街道组织成立了街道企业，总共招了有二三十人，我在缝纫组。主要是加工来料，帮别人做，只收点手工费：一件衣服手工费是6角钱，我一个月工资大约20元左右。1984年，我们缝纫社解散了，我就退出来了。然后我在居委会做了15年街道支部书记，一年拿得到300块钱。后来我不干支部书记了，就专心做裁缝个体户，给自己打工，做好多赚好多，一不小心就做到现在。20世纪90年代，很多企业都垮了，国家推行社保政策。我和我老公当时就买了社保。现在我们两个加起来有4000多元养老金。现在就是药费花得多点，他有糖尿病，但光生活费我们两个是够的，所以都不需要我4个儿子拿钱。

“你不做大人衣服吗？”看着都是小孩的棉袄，我好奇地问道。

大人的衣服我做不好。20世纪七八十年代我们街上很多裁缝比我做得好。当时我们松溉有个国营缝纫社，里面有十几个师傅。裁剪老师叫钟炳清，基本上成人的衣服都是她裁的。她不是本镇人，是从柏林缝纫社请过来的师傅。裁是最讲究技术的，她裁剪后，别人打边，两三个年轻男的负责推销，拿做好的衣服等赶场的时候卖。那个时候，街上卖的一般都是中山装。但是钟老师手艺好，什么衣服都做得来。后来缝纫社解体后，这些工人就出来自己干，还是有很多老顾客找上门来让他们做衣裳。可惜，这批老师傅现在一个都不在了。成人衣服不是我的强项，所以要扬长避短，就专心做小孩的棉袄。

图 5.6　20 世纪 70 年代王裁缝的全家福

“作为一个裁缝，你算是松溉古镇时尚文化的一个见证人了，过去 50 年我们松溉人的穿着发生了哪些变化?”

过去人们买衣服不像现在有那么多选择。连买块布都很难，需要用布票购买。到了 20 世纪 80 年代，土地下放给农民后，粮食、棉花啊都增产后，布料才没那么紧张，1983 年底全国才统一废除布票。20 世纪 60 年代我们都穿得很朴素，也没得性别之分，男男女女普遍蓝、黑、灰 3 个色调，布料都是用棉布、土纱布做的。男的一般穿中山装，就是 4 个兜兜的那种；女士穿的是带有翻领样式的衬衣。到了 20 世纪 70 年代，街上流行“的确良”裁剪的衣服了，这种布料是从国外进口的，又被叫作“不在地里长出来的布”，颜色丰富，而且比棉布结实，一件顶 3 件。那个时候穿一件“的确良”做的白衬衣是很时髦的，我们街上的好多人都找关系找供销社的朋友帮忙买才得行。到了 20 世纪 80 年代，改革开放后，西装啊这些开始流行咯。有的人还跑到重庆百货商场去买衣服。城市款式多，时髦得多。呢大衣、西服都很受年轻人欢迎。有的人到商场买好布料后，拿着杂志上面的画报找上门来让裁缝照着做。那时找裁缝来做自己喜欢的款式是普遍现象。我感觉我们做裁缝这一行的地位最高就是在 20 世纪八九十年代。那个时候，街上都没有服装店，都是个人买好布过来让我们给他们做。20 世纪 80 年代做条裤子手工费是 1 块多，到了 90 年代，一件衣服的手工费达到十几块钱。20 世纪 90 年代末服装店慢慢多了起来后，就没有什么人找我们做衣服了。

“奶奶的裁缝铺”这家带有怀旧色彩的店铺在 2022 年底就处于半歇业的状态了。老人说干不动了，是时候休息了。这对于古镇的人文景观而言势必是一种损失。手工缝纫这种传统技艺能坚持到 21 世纪的第二个 10 年，已属难得。在 20 世纪 90 年代中后期中国拥抱全球化，成为“世界工厂”时就注定了这些手工作坊型的传统手艺人的结局。他们在衰老，传统手工行业在急速前进的时代潮流中被甩在了背后。来不及忧伤，时代本无情。[①]

① 采访时间：2022 年 5 月 1 日，2022 年 6 月 3 日；采访地点：松溉古镇临江街“奶奶的裁缝铺”。

（五）踏破铁鞋寻觅水竹的凉席编织工——汤国友

田野过程时常会遇到一些设计之外的有意思的人物出现，譬如我们遇到的这位汤国友老人。本来我们是想寻找最后的马帮——卢贤才的，和他打听后随口问了一句：“老人家，你年轻的时候是干什么的?”便又添了一个手艺人的素材。

图 5.7　农民编席匠汤国友

汤国友，男，1948 年生，小学毕业，家里三弟兄，排行老二。父亲在家务农。年轻时候，和哥哥均为凉席编织匠人。但与前面介绍的“手工六社”的工人不同，他是企业编制外的匠人，或说是自由的个体户匠人。

我是农村的，小学学历。我读高小的时候，赶上大饥荒，耽搁了一年，停滞一年后就干脆不去了。我数学成绩可以，语文比较撇。小升初考试就栽在语文上面，没有考上初中。

20 世纪 60 年代初，我十二三岁时就开始打零工了。我去松溉河边帮忙拉船，1 角钱或者 5 分钱一次。那时候松溉河边码头，每天至少有几十艘船下货和上货，船上装啥子的都有。当时永川区县和临近县市的货物好多都需要经过松溉，街上的和我们附近农村的一般都到江边找点活路来干，来钱快。

我是 18 岁开始学习编凉席的。先是我哥哥和一个编凉席的老匠人学习，后来我也跟着学习，因为集体劳动时代，农民挣工分，干多干少一个样，没得钱，一般年轻人都想学门手艺挣点副业的钱。20 世纪 60 年代，整个松溉都没有几个编凉席的，四队有一个，还有一个就是我师傅。我师傅叫古明章，清末民初生人，大我 40 岁，他可能是我们松溉第一个编凉席的。

白天，我在生产队干农活，只有晚上才有时间搞点副业。材料准备好的情况下，每天晚上编两三个小时，两三个晚上可以编织完一床凉席。我和哥哥编的凉席自产自销，主要销售地为松溉、江津、重庆等地。在松溉本地卖得到六七元钱，要是拿到江津、重庆去卖，价格可以卖到十几元一床。我一年从山上采两次材料，百十来斤，拿回家后有空就编，编好就拿到集市上去卖。一年大概卖二三十床凉席，可以赚到两三百块钱左右，那时乡镇企业的工人一个月也就是二三十块钱。我卖席子可以相当于其他人的一年的工资。

“既然编卖凉席这么赚钱，为何不多编一些？”我向他提出了困惑。

你晓不得采材料之艰辛。我们去采材料的地方在贵州的深山老林。我一年只去两三回。每回进山要背五六十斤的材料回来，做得到十来床。去一趟来回少则十二三天，长则大半个月。去之前要给生产队请假，每天都要交给生产队 3 毛钱的旷工费，去的时候还要给产竹子的地方也就是自己的住宿的地方一天 3 斤米的伙食费，所以我每次进山找材料至少要带 30 多斤米进去。这些口粮是由生产队每年分的谷子来的米。20世纪六七十年代，有时候一年可以分到100多斤，有时候分到200多斤，视当年的产量而定。交通费、材料费和误工费算上还是要好几块钱。

去一趟贵州很不容易的。先是赶301（船号）花7角钱坐四五个小时的船到合江（现由四川省泸州市管辖），然后从合江走路到长沙（现属贵州省赤水市）。从合江到长沙30千米，而且是山路。进去之后还有10千米转沟。我那个时候20多岁，体力尚可，一个小时可以走7.5千米路。四五个小时可以从下船的地方走到长沙镇。从长沙进山，还要走起码10千米的山路到砍竹的地方。你可以算一下我究竟需要走多少路。从合江到找到竹子的地方，起码50千米路以上。竹子不好找的，一边探路一边问山民才能找到，现在哪个年轻人得行嘛。

听完汤师傅讲述的这段寻材多艰的经历，让我对那个年代的手艺人更多了几分敬意。万万没想到，一张普通的凉席，其选材竟要花费一个编织者如此大的心力。什么叫工匠精神，这不就是吗？“永川也是盛产竹子的地方，这里有茶山竹海，为什么不用这里的竹子？”我抛出了一个不太聪明的问题。

虽然永川也有竹子，但多是斑竹，斑竹编不起的。本地产的慈竹也可以编，但编出来的席子没得水竹睡起来舒服，水竹这种材料编出来的席子冬暖夏凉，吸汗性好。只有贵州赤水的山里头才有水竹这种材料。水竹只有手拇指那样的大小，一根只能划十几根篾片。我们为啥子要那么辛苦去贵州找材料啊？材料有好坏之分，一分材料一分价钱。慈竹编出来的席子只能卖得到六七块钱，但水竹材料的席子在我们当地当时可以卖到十几块钱，价格差一两倍。

“找到竹子后，为什么要在山里待那么长时间呢?”我们这种成长于商品化时代的后辈确实难以体会到成品背后凝结的劳动价值。汤师傅的讲述不啻给我们上了一节从竹子到竹席制作工艺过程的科普课。

> 竹子变成席子要经过很多道工序，最难的一关是把竹子变成柔软的竹条这个环节，光是这个环节就需要5个步骤：分别为砍、转、启头道、启二道、撕，最后才是熟货。比如说我要50斤的材料（大概可编10—12床席子），只有10天时间，我就必须每天工作16个小时以上。每天早上4点左右就要起来工作，干到晚上10点。耽搁不起啊，住的地方每天都要给3斤米的伙食费，家里生产队还要给3角一天的“请假费”，所以必须抓紧时间。一床席子从生货到熟货按理说都是两天的活路，我将两天的活路整成一天的活路，可想而知，我是好辛苦嘛。

除了超负荷工作，恶劣的自然环境是他们这些到山里寻材的手艺人最担心的问题。死里逃生对于这帮寻找水竹编席的匠人来说不是偶发性事件，而是常态性事件。

> 有一年10月间我去贵州找竹子。那一次，七里坎下了几天的雪，路上结冰滑得很，我们耽搁不得，即便竹子被冻住了，都还是要砍。下雪天做这些活路比平常难得多，划好竹条吧，结果又冻住了，要等到雪融化才好带走，头一次耽误了我的工期；还有一次，找竹子的时候，头道没有找到合适的，就继续往前寻找，经过一个5千米长的檐沟，那时是晚上，我们几个人只有前面一个带路的有一个手电筒，后面的人看不清路，差点摔了下去，下面就是河。最危险的是猫鼻梁，猫鼻梁是一座山的脊梁，左右两边都是悬崖。要是脚踩滑了，肯定就没命的。还有一个叫火烧山的地方，和猫鼻梁差不多，一样危险。

除了天险，我们有时候也碰到一些故意刁难的人员。因为我们相当于是跨省跨区县采购材料，每个区县交界处会有关口，有些守关口的人员心比较黑，故意刁难那些来往的客商，要给他们一些小行贿才能通关。我们每次过关都要躲避这些关口，等到没有人的时候才回来。遇到两次在关口被扣下材料，要交些罚款才能取回。不交，材料就不得给你。

汤国友编的最后一张席子是在 1982 年，时年 34 岁，这一年他结束了这个编两批竹席能抵乡镇企业工人一年工资的副业。我问他为什么不继续从事这项副业了，答曰：

我本来的主业是农民。土地使用权归我们了，我们肯定要花时间来管理这些土地。以前在生产队集体劳动的时候，干多干少一个样，大家都没得积极性的，所以才想到搞点副业创收。土地归我们自由打理了，就想把地种好。那年分土地时候我家分了一百三四十方土，家里 4 个人共分了 4 亩土地。再说，到深山老林砍竹子、划竹条风险好大嘛，所以就不想再干了。只要勤劳肯干，加上脑瓜子活，做农民也还是可以赚到钱的。像我，种小麦、红薯、玉米，所有的粮食基本上都用来喂猪、喂牛，喂了五六头猪，卖猪的收入就要比纯种粮食要高。赚到钱我后面又购买了打麦机、抽水机，全大队就只有我一户人有这些机器，人无我有，人有我先。抽水和打麦我收费为 1 元一个小时。20 世纪 80 年代末我通过养猪、打麦、抽水等业务，一年可以赚到两三千元，比城里上班的还要高些。赚到钱我就用来修房子，第一年给兄弟修房子，第二年又给自己修房子，最开始是草房，然后是瓦房，最后是楼房。我家是村里最早修两层楼房的，一共修了 12 间屋。20 世纪 90 年代，我家大儿子去学电工，现在电工这行比较来钱，一天就是好几百块钱，一个月他赚得到 1

万多。我也闲不住，经常给别人打点零工，我现在在上溪河这个改造工程做值班工作，我自己毛遂自荐找的，每个月老板给我的工资是3200元，这比镇上不少乡镇企业退休的拿得还多些。除了这个，我们还有社保，加起来七七八八每个月我挣得到5000块钱左右。

听汤师傅讲他跋山涉水寻找竹材的故事，感受颇多：一是即便在最艰苦的年代，普通农民为了改变贫困，也会想尽一切办法来改善生活。学一门手艺搞副业创收是当时青年们为生活赋能的唯一办法；二是即便市场逻辑和行为是自然存在的，是消灭不了的，为了追逐更高的利润，在合理的范围内，手工艺人在材料的选择和款式的审美上通过创新来赋值自己的产品，获得更高的收入。汤国友多次冒着生命危险赴贵州赤水找材料，最主要的原因是这种材料编织的席子可以卖更高的价钱，这不就是自发的市场意识吗？[①]

（六）“头艺家”的刘师傅

古镇进出口处的第一家店铺是一家剃头铺。店名为繁体的“头艺家”，与“头一家”谐音。

“头艺家”理发店的老板姓刘，1945年生，这个年纪在古镇的店老板队群中怕是最大的了。77岁的刘师傅在松溉的这家店开了8年，他说2022年租期到了后就不再续约了，确切说是不再被续约了。原因不复杂，租方要提高租金，而这家剃头铺每日平均不到10名顾客的营业额无法支付提高的房租。这意味着为古镇中老年群体头发美容服务了8年的刘师傅正式宣告退休。

在和老人闲时的“摆条”[②] 中，老人追忆了他进入理发行业50年的职业生涯经历。

---

① 采访时间：2022年5月2日晚；采访地点：松溉古镇上溪河。

② 摆条，川渝方言，聊天的意思。

图 5.9 “头艺家”的刘师傅在店里理发的场景

刘扬喜，父亲刘元辈，祖辈均为农民，家有兄弟姐妹 9 人，排行老四——上有 1 个姐姐、2 个哥哥，下有 3 个弟弟、2 个妹妹。在村里读了 8 册书（相当于现在的四年级），后到镇上读了两年高小，1957 年考上农业中学，初中读了两年就被迫辍学了。十四五岁就不得不回家务农，因为家里太穷，兄弟姐妹多，父母忙不过来。

在中国“40 后”“50 后”这个群体，有八九个兄弟姐妹并不罕见。刘师傅的辍学故事也是他这个年代的国人的普遍经历，而且他读到初中在这个年纪的老人群体中还算是书读得多的。

通常，这种人口多的务农家庭，想摆脱贫穷，唯一的方式是学门手艺。学手艺对于非手艺家庭出身的年轻人而言有时看机缘。刘扬喜从农民转型为理发匠是他 25 岁那年的一个重要决定。和大多数农民一样，这个年纪的年轻人无论男女都开始焦虑结婚生子的事情。虽然这个时候全国倡导晚婚晚育，但几千年的农耕文化熏陶的家庭观念告诉他们早生贵子、壮大家庭才能使他们在农村站稳脚跟，才能不被欺负。和现在一样，贫穷的家庭娶媳妇是艰难的事情。那时大部分农民干着一样的事情——集体劳动赚工分。而公社里的集体劳动，男性劳动力一天才赚到 10 个工分①，不知猴年马月才能娶到媳妇。娶媳妇的动机让刘扬喜决定学门手艺。1970 年的某一天，刘扬喜遇到了从何埂镇走乡串寨的老剃头匠张兴田。腼腆的刘扬喜趁着理发的时机和张师傅聊了起来，张师傅告诉他一个赤脚剃头匠一天下来能挣到一两块钱，如果勤快的话，一个月可以挣到四五十块钱。这在当时就算是高收入了。就这样，刘扬喜用几斤米作为学费拜张兴田为师，正式开始学习理发技能。当了一年的学徒后，他就自己单干了。拿着学徒时期攒下的十几块钱到永川理发工具店去购买了他的第一套理发工具。50 年过去了，他还记得他的第一笔投资：一把手推剪 4 块 5，一把剪刀 3 块多，刀片 2 块 5。他靠这 3 件东西开始了他的剃头匠职业生涯。

> 头两年没剩到啥子钱，赚一点就买一点理发工具，前前后后买了五六十块钱的家当。那个时候钱值钱，几十块差不多相当于现在的千八百了。20 世纪 70 年代那个时候“场”不像现在这么多，不赶场的时候就走乡串巷剪头发。我们这行没有固定地点，和打游击战差不多，赶流动场。永川没哪个村子是我没去过的。场子是 20 世纪 90 年代才开始兴起来的。松溉这边的赶场日是 3、6、10，隔壁乡镇有的 2、4、8 等，几乎每天都有场赶。场子多，基本上就不再下乡了，场子人多，生意好。但是，赶场时间短，只有一个早上几个小时，所以我们这些摆摊的手艺人就必须早点赶到。那个时候，车很少，要走路。所以我基本上赶场前早上四五点就出门，起早贪黑，从家里出门要走 5

---

① 20 世纪六七十年代，1 个工分大抵相当于现在的 1 毛钱，男性劳动力通常一天劳动量算 10 工分，女性劳动力算 8 工分。

千米多的路才能到街上。所以说我们这些手艺人赚的都是辛苦钱。

在剃头匠刘师傅50年的职业生涯中，理发的价格从20世纪70年代初的一两毛钱涨到了80年代初的一两块钱，再到而今的5块（赶场的价格）和10块（在店铺理发的价格）。这个涨幅与改革开放后国民人均GDP从200美元到而今的1.26万美元的涨幅相比，是低于国民收入增幅的。比起闹市区时尚理发店的年轻理发师一剪子几十元甚至几百元的收费，这些赚个5块、10块的老手艺人在某种意义上成了一个社群里为弱势群体修理仪容的“美容师”。

过了2022年，古镇的“头艺家”理发店将成为一道消失的风景。掌柜刘师傅一方面表示遗憾，另一方面也表示理解。

我这个岁数，干不动咯。年轻的时候我平均一天能剪二三十个人的头发，现如今一天剪五六个就吃不消咯。今年合同到期，房东说要涨价，涨到8800块钱一年。你看我一天才赚几个钱嘛，抛开买菜的钱，就没剩啥子钱。房东是我家爱人的亲戚，现在这个租金已经算是很照顾我们两个老孩儿，照顾了8年我觉得够意思咯。反正我们都老了，他涨点房租租给别个，我们替他高兴。我们和这家店的缘分就到此结束了。

离“头艺家”不远处的陈记汆肉汤200多平的门面年租1.8万，再隔20米远有一家卖方糖的店，那家店铺的面积比“头艺家”大约一倍，年租金也是过万。2021年的新店铺年租金迈进了“万元”时代，这让以传统手工艺为生的老手艺人恐再无生存的空间了。刘师傅更加遗憾的是，他的这门手艺在家族中无人继承。他的小女儿曾经和他学习过一段时间，但女儿嫌辛苦，也挣不来钱，就放弃了。她现改行做了销售，目前在一家服装店帮别人卖衣服。他理解女儿的选择，他认为时代变了，现在找钱的门路多，不再像他们年轻时候，如果没有一门手艺只能靠赚工分赢得口粮度日。①

（七）逢“9”休息的赵师傅

每次逢3、6、10松溉的场期，在菜园路场集的末端总能看到一名理发匠在给老人理发。

他叫赵朝强，1955年生，67岁，家里世代务农，在他下面还有3个兄弟和3个妹妹，他在家里排行老大。与大器晚成的刘师傅不同，他少年时期就学了这门手艺。家里兄弟姐妹多，劳动力只有父亲一个，其他弟妹仍小，他不得不帮助父亲承担家庭责任。

图5.10　赶场的流动理发匠赵师傅

当时年仅12岁的他便离开家前往隔壁朱杨镇一家理发店里跟随曹树江师傅学手艺。头两年他只能给师傅打个下手，在师傅给客人剪头之前为客人洗一下头，剪完头顺便打扫一下店面卫生。两年后，师傅开始教他用剪子和剃头，过年过节客人比较多的时候，也让这个小徒弟尝试独立给客人剪发。经过4年的学徒生活，他得到了师傅的认可，正式出师。

在走乡串寨的理发匠群体中，以中年人为多。16岁的赵朝强是20世纪70年代初松溉最年轻的个体户理发师。他靠着一把剪子、一把梳子、一把剃头刀和一把刮面刀，开始了他的职业生涯。初始，剃一次头收2毛钱，一天下来能有个两三元的收入，按当时的物价换算相当于做两套衣服的价钱，这比干农活强得多。

① 采访时间：2022年5月3日上午；采访地点：松溉古镇“头艺家”。

20世纪七八十年代，年轻的赵师傅主要是靠转乡给人们剪头发。那个时候不允许理发匠在街上摆摊，人们理发需到镇上的国营理发店理头发，而且需凭票。农村没有理发店，这给不少手艺人留出了巨大的生存空间。像赵朝强这类的手艺人每天天刚亮就背着剃头工具箱在附近的几个农村转场，一天下来需徒步走十几千米的路。

虽然凭借这门手艺他能保证自己吃穿不愁，但是作为家里的老大，他的家庭反哺责任一直持续到他娶媳妇分家那年。6个兄弟姐妹，最小的妹妹甚至与他相差20岁，可以说他既当大哥又当爹娘。为此，他毫无怨言。对于这个年代的国人而言，"孝道"观念比较强，反哺家庭是每个孩子报答爹娘的责任和义务，作为家里的老大和财富继承者需要付出得更多些。对于把赚得的钱尽数交给父母，他说："没得啥子的，我是老大，帮助爹妈抚养弟弟妹妹是应该的。再说，那个时候是计划经济，物资缺乏，啥都凭票供应，就算有钱也没得地方花。"

20世纪80年代初，迎来了农民的春天。1982年，家庭联产承包责任制下放到各家户，极大地调动了农民的生产积极性。农民开始有了更多盈余的粮食，通过粮食买卖，第一次手里有了余钱。农村经济的活跃也带来了手工业的繁荣。对于像赵朝强这样的流动理发匠的好消息是理发匠的手艺变得"值钱了"。进入20世纪80年代，理发行业从"角"时代跨入了"元"时代。理发的收费标准从2角、3角、5角提高到了1元、2元。那个时候普通工人一个月的工资收入不过三四十元。如果运气好，他四五天就能赚到一个普通工人的月工资。这一时期，乡镇这一层级开始有了国营理发店，但国营理发店的几个理发匠远远满足不了广大的市场需求。这给他们这些走乡串户的赤脚理发匠带来了生意的机会。20世纪80年代初，赚了些钱的赵师傅娶了媳妇，新家庭的成立，促使他比婚前更卖力地工作，转乡更为频繁且工作时长更长。即便他一年赚得比普通工人高四五倍的钱，但他的钱仍无法有盈余。一部分钱仍然给原生家庭用来支付年纪较小的弟妹的学杂费；一部分钱留给自己家用，修房子这一块占了主要开支。

20世纪90年代，街上的理发店如雨后春笋般多了起来，外地来的美容美发小妹成了他的新晋竞争对手；同时越来越多的农民改行成了个体户，火柴厂、铁竹衡器社等下岗工人也加入了流动理发摊贩行列，老式的理发匠的生存空间迅速被压缩。在激烈的竞争下，后面入行的更为年轻的理发匠开始嫌弃这份不稳定的工作，有的退出了这一行，跑到了南方的工厂打工去了。学历不高的老赵不敢随大流去南方发展，而是坚守阵地。

20世纪90年代末期他减少了转乡，改为了赶场（赶集）。市场经济这一时期越来越活络，人们富余的产品越来越多，为了交换产品，有的农民挑个担子在乡镇的中心街区摆摊，时间长了，逐渐形成“集市”。为了使产品互易更充分，临近的几个乡镇有意把各自的赶集日错开——松溉的赶集由原来的10天一次变为逢3、6、10日，朱沱镇是逢2、5、8，何埂镇是逢1、4、7。老赵主要在这3个镇赶场。这3个乡镇户籍人口16万余人，即便一半的年轻劳动力人口不在家，也丝毫不影响老式理发匠人们的生意，因为他们的顾客本来就是这些留守在家的老人们。比起20世纪七八十年代每天徒步十几千米路的转乡，赶场则要轻松不少，只需要在赶场日那天到固定的场地支一面镜子和一把椅子就开张了，赶场的人比较多，不愁没有生意。为了赶场方便，老赵前几年还买了辆电动三轮摩托车，比起搭乘公交车，至少节省了一个小时的时间，所以几个流动理发匠中他时常是最早占据有利地形的一个。老赵说他不知自己算不算最勤快的“赶场理发匠”，反正他几乎每天都连轴转，一个月也就9、19、29这3天得以休息。

因为家里盖的四间房和两个姑娘的读书费用让他不得停歇地赚钱养家，忙碌的老赵过了天命之年才稍微能喘口气休息一下。

> 直到爹妈死了，自己两个娃娃也结婚了的时候，我可以说才真正松活下来，才有点余钱，也有自己可以耍的时间。现在早上赶半天场，赚个一两百块，下午打点小牌。除开花销和娱乐，每个月能剩个几百块，一年能有万八千剩下。家里现在就

我和我爱人，她平时在小区搞卫生，一个月也有一两千元。我们老两口够吃够花咯。

这或是“60后”手艺人的集体群像缩影。一辈子劳劳碌碌，拚尽全力只为让家庭成员们过得更好。先是帮助父母照顾弟妹，而后成家赚钱养家照顾妻儿，直至这两项任务都完成了，自己也老了。①

小 结

20世纪是机械化大生产和全球化的时代，同时也是传统手工匠人退出历史舞台的转折点。以松溉这个场镇为例，油槽坊、染织坊、织布社等手工作坊的匠人是20世纪上半叶松溉场镇繁荣的工商业的主要贡献者。中华人民共和国成立后至20世纪80年代，这些手工匠人仍是人们的日常生活和生产服务的重要贡献者。但自20世纪80年代以来，松溉这类乡镇也进入了中国商品化、市场化的洪流，无论是企业内的手艺人还是个体户手艺人，在机械化大生产的背景下都无可奈何地面临被机器淘汰的残酷事实。大部分匠人为了维持生计，不得不转行，只有少部分手艺人坚持至退休。在转型为旅游小镇的新时期，“手艺”突然变成了一种贵重的文化产品，极个别有代表性的手艺项目从业者在过去10年非物质文化遗产保护运动的背景下则被赋予“非遗传承人”称号。但无论怎样赋能，手艺人的黄金时代已过是一个无法阻挡的事实。

① 采访时间：2022年5月3日早；采访地点：松溉古镇菜园路。

第六章 赶场：百年变迁未间断的风景

在风云变幻的20世纪，松溉的生活空间包括街道、建筑、宗教、教育和休闲空间，以及生活、生产秩序等发生了剧烈变化，但有一个场景保持了惊人的生命力和韧性，那就是赶场。即便在社会比较萧条的20世纪六七十年代，它仍然保留在川渝的乡土社会中，从未间断。赶场是乡镇场域生活的人们最重要的一项经济生活事项。赶场又叫赶集，是指全国各地区乡镇之间普遍实行的定期集市贸易。北方多叫“赶集”，广东及隔壁的广西和福建叫“赶圩”，云南那边叫“赶街”（gāi），川渝这边叫“赶场”。在全球化和城镇化双重作用力下，很多城镇化彻底的地区“赶场”已是消逝的风景线，而在渝西一带的乡镇，“赶场”仍是日常景象。

一 集市溯源

“赶场”的实质是经济交换活动，人类的经济行为最早可溯源至新石器时代的物物交易。新石器时代人类开始掌握农业和畜牧业技术，在大河流域附近和水草丰美的草原区域的人们开始告别终日为温饱而逐猎的类动物式生活，而逐步向定居生活过渡。随着剩余劳动产品的增多及手工业的独立，不同族群之间及族际内部的剩余物的交换成为必然。从现有的文献看，我国至少在三皇五帝时期的原始社会末期就产生了定期的物物交易。《尚书》记载："懋迁有无，化居。烝民乃粒，万邦作乂。"这段话描述了大禹治水时设法组织在地区间调剂粮食，通过交换的方式解决洪灾后人民的生活问题。而尧舜时期就善于用经济之道来治理天下，《管子·揆度第七十八》载："至于尧、舜之王，所以化海内者，北用禺氏之玉，南贵江汉之珠……大夫散其邑粟与其财物，以市虎豹之皮，故山林之人刺其猛兽，若从亲戚之仇……"这段话揭示了尧舜当政时期的一个聪明的治术：规定各级官员以不同等级的兽皮做成的皮裘作为官服。这样，大夫们就都卖出他们的粮食、财物去购买虎豹皮张，因此，山林百姓捕杀猛兽就像驱逐父母的仇人那样卖力。大夫们散其财物，百姓们都可在流通中得利。从经济学的视角看，士大夫的粮食与百姓打猎所得的兽皮互换不就是一种贸易行为吗？

当经济发展到一定阶段，就自然形成"集市"。中国古代最早的集市是出现在两晋南北朝的草市。在州县城以外的水陆交通要道，或关津驿站所在之地形成的集市，称草市。交易的商品主要是水产品、盐、酒以及日用百货等生活必需品。东晋时建康（今江苏南京）城外就有草市，六朝时开始设立"草市尉"对草市进行管理。我们从小背诵的《木兰诗》有"东市买骏马，西市买鞍鞯，南市买辔头，北市买长鞭"，说明了南北朝时期商业贸易进入了寻常百姓家。至宋，安居乐业是当时的时代主题。边境虽不得安宁，但国内人民生活富足，从南至北百业兴旺。张择端的《清明上河图》记录了1000多年前开封城远郊、近郊及商业中心区的空间形貌及当时商贸之繁荣。画卷显示当时市场行业分类已经非常精细，街市的商铺包括日用品、餐饮业、娱乐业、运输业、金融业、医药业、旅游业、手工业等10多个行业。明清时期，沿海及沿江区域的商品经济和农村市场大量兴起。这些市场在不同区域有着不同名称，如市镇、集市、场镇，或是墟市、街子等，人们到这些空间参与经济交换活动则称之为“赶场”、“赶圩”或“赶街”。它们不仅是商品交易的场所，还是交际、信仰、娱乐、教育等社会活动的重要空间，与百姓们的生活息息相关。巴蜀地区虽因宋末近 50 年的战乱及明末农民战争和瘟疫等灾难而满目疮痍，但康雍乾三代的“湖广填四川”带来的大规模移民，让巴蜀大地的社会经济超速发展。移民社会较常规的线性发展区域发展更快是个世界性的常态现象，譬如 19 世纪、20 世纪的美国，再譬如 20 世纪 90 年代的深圳。场镇是衡量农耕社会经济发展水平的一个重要指标。四川的经济到清中后期再一次走在了全国前列。据郑维宽的统计：嘉庆时，四川有 3264 座场镇，光绪时有 4240 座，民国时有 4741 座。[①] 相比较其他省区，清末四川各州县平均市镇数量是全国最高的。[②]

松溉的始建时间无史籍可考，但从南宋经学大师陈鹏飞偕妻在此设馆教学的历史可知当时松溉已有场镇。从安岳和大足石刻群的规模和精美程度判断，川东一带至少在唐末时期经济就比较富庶，否则代表中国晚期最高水平的石刻群不会诞生在川东、渝西一带。唐春生在《宋代长江航运及巴蜀地区的物流》一文认为：巴蜀地区在唐宋时期借助长江而形成的物流通道与帝国的联系更为密切。在全国的社会经济格局中，长江的战略地位日益凸显。唐代巴蜀地区“人富粟多，浮江而下，可济中国”。至宋代，“西蜀之宝货”，沿长江航运，可“为富国之资”。泸州，拥有长江与沱江交汇的便利，在宋代业已“商贾辐辏，五方杂处”。至于重庆，已属川东的“大州”，城市人口在巴蜀地区位居第二，“亚两蜀善郡”；商流、物流极为繁忙，所谓“二江之商贩，舟楫旁午”。[③] 位于泸州—重庆中段的松溉作为长江中上游沿岸一处理想的码头，受益于地利，

---

① 郑维宽：《清代民国时期四川乡村市场问题初探》，《西南师范大学学报（人文社会科学版）》2005 年第 6 期，第 30—34 页。

② 任放：《中国市镇的历史研究与方法》，商务印书馆 2010 年版，第 224—226 页。

③ 唐春生：《宋代长江航运及巴蜀地区的物流》，《重庆社会科学》，2015 年第 1 期，第 122—127 页。

作为航运物流的停靠站这个功能很容易吸引人们来垦荒，久而久之，自然形成人口密集的场镇。

二 松溉昔日的“场”

据岳精柱根据光绪《永川县志》卷3《场市》整理的数据，康熙、乾隆时期是场市建置高峰期。永川场市在康熙时建置占22.9%，而在康、雍、乾三朝，则达34.3%。[①] 作为当时永川最南端的松溉享有黄金水道之便利，是永川最早一批建置的场市。也即松溉的场市在康乾时期就已形成。清地方志的书写者对赶场做了这样的概括：“市井者，场镇也。利之所在，人必趋之。聚民间日用所需入市交易，谓之赶场。各有定期，辰集午散。”

图6.1 清末民初松溉的场集图景

（图片来源：松溉马帮议事厅陈列馆）

① 岳精柱：《“湖广填川”历史研究》，重庆出版社2014年版，第135页。

有了城乡商品交换的平台，则必有人赶场。在城镇化尚未普及的时代，赶场这种流动式的经济贸易形态是活跃农村经济及经济赋权农民的唯一途径，也是促进场镇繁荣的必要路径。没有赶场这种原始的村—镇贸易形式，工商业和小贩阶层占人群主体的场镇则成“无米之炊”——原材料和大部分生活资料主要由农民供应。中华人民共和国成立前以商贸繁荣的松溉场镇的工商阶层，其衣食父母就是本镇及附近乡镇的农民。据《永川市志·松溉镇志》统计，中华人民共和国成立前松溉上、中、下三大码头终日泊满大大小小的船 100 多艘，为 15 个行业、60 多家作坊、300 余工商业从业者及附近的原材料供应者——农民提供便利的交通服务，为松溉 20 世纪前 50 年的繁荣做出了不可磨灭的贡献。《永川市志·松溉镇志》在描写“揽载”① 一章中揭示了中华人民共和国成立前松溉镇的赶场的线路及当时长江上游沿岸乡镇商贸的场景。

> 松溉开往白沙的“揽载”每天都有一班船和白沙对开。其他“揽载”是逢场期才开，开上水朱沱、羊石盘的开船时间较早，都是当天去，下午返回。去合江王场②的，逢场头一天开船，拉上水、赶场后，中午返回。商贩们把松溉的日用百货、窄布、棉纱、白酒、手工艺品、锄头农具、盐花生、酿造制品等通过“揽载”运走销售。商贩们又将当地土特产、生猪、猪鬃、羊皮，特别是王场的竹木、棕片、木炭、竹麻等购回在松溉集散。“揽载”收费合理，很受乘客和商贩们欢迎。“揽载”主要乘客绝大多数是本镇常赶“溜溜场”的小商贩③，他们家底薄，全靠肩挑背驮买卖小商品为生。船主常给他们备用开水，对自带饮食或干粮的还提供锅灶。去白沙、上王场需歇住栈

① 揽载：也即水上短途运输的船只，因乘客、货物一同装载而得名。
② 王场：即今四川省合江县榕山镇。
③ 赶“溜溜场”：以赶场为业的行动简称。

房①，凡自带衣被的同意在船上过夜，为商贩们节省开支。②

从这段记载我们可以看到中华人民共和国成立前松溉的商贸活动很是活跃，特别是水上贸易。那时揽载的乘客主体是本镇的小商贩，他们通过“一进一出”赚取商品的差价，犹如现在的“倒爷”。在附近的场镇贸易中，与江津的白沙镇的贸易往来最是频繁，每日对开的频率高。

赶场的周期频率与当地的经济繁荣程度息息相关。重庆多地的县志记载，清代重庆多个乡镇的农村集市均有定期，每 10 天 3 场，或 3、6、9，或 1、4、7，或 2、5、8，相邻场镇一般都错开，以便交易。

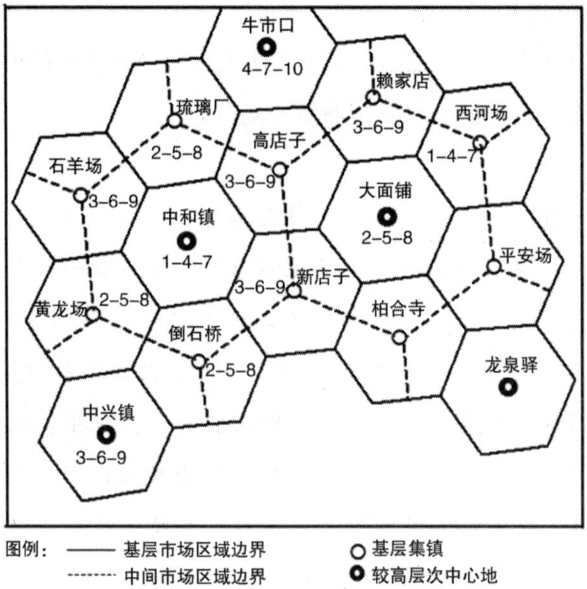

图 6.2　施坚雅的川西平原场镇结构图
（图片来源：郭广辉）

场集的“源头活水”自然是生产资料的提供者和商品交易活动的主要参与者——附近的农民。一个场镇的市场区域辐射范围有多广呢？施

① 栈房：小旅馆，廉价的大通铺式旅馆。
② 《永川市松溉镇志》编纂委员会编纂：《永川市志 · 松溉镇志》，2010 年版，第 310 页。

坚雅在《中国农村的市场和社会结构》一书中回答了这个问题。他创造性地发明了一个对研究中国传统农村社会影响深远的分析框架——“六边形理论”，他认为大量的集镇都恰好有6个相邻的集镇，他甚至计算出场镇之间的距离，计算出高店子的市场区域是一个平均半径为5.55千米的六边形地域，而全县每个场镇的市场区域是平均内径为5.34千米的六边形地域（图6.3）。这一理论模型与现实之间虽然存在差距，但是并不能因此否定理论模型的合理性及其价值。用这套框架来对照松溉的场镇，显然不符合六边形的规律，因为地理环境就不是平原地区，但松溉场镇生活的人们的经贸范围确实也主要是在五六个相邻的乡镇内进行，如图6.2的水路贸易路线所示，主要是在白沙、朱杨、朱沱、羊石及王场中进行贸易，而且除了距离稍远的王场往返需要两天，其他的都是当天往返，大抵相当于成都平原地区的赶场的路途花费时长。这说明川渝地区的传统赶场是一个短距离的经济交换空间实践。

昔日的赶场除了固定周期还有另一种交易形式，就是庙会、神会。传统中国社会习俗活动较今日要丰富，民间信仰的传统节日较多，围绕着宗教信仰节日诞生的庙会可视为是传统中国社会最大的经贸活动。松溉古镇的祠堂和庙宇有“九宫十八庙”之称。据陈家大院的当家人彭天佑老人回忆，松溉的庙宇至少有30多座。其中东岳庙建于清乾隆初年，在每年农历三月二十七日举办神会。神会这天，是松溉最热闹的时候。附近10多个乡镇的居民或走水路或走陆路过来共享盛事。这天，各大茶馆座无虚席，唱戏的、杂耍的也来走穴趁热闹挣个表演的赏钱。

三　老而不休的商贩们

现阶段，松溉的赶场日为3、6、10（公历），每10天3场。这个场期是1982年1月开始固定下来的。在古镇还未开辟为旅游景区前，松溉人赶的“场”位于现在古镇内街的禹王宫门前这条街。随着十几年前新的农贸市场在菜园路落成，历史以来约定俗成的“场”从此搬到了菜园路。

松溉的“场集”不仅仅是镇上和隶属松溉镇管辖的6个村的村民来赶，附近的乡镇的不少乡民也来赶。我的两次松溉赶场田野经历遇到的不少老人就不是松溉镇的，有的是从河对岸江津的村镇过来，有的是搭乘公交车从隔壁的朱沱、何埂、聚美等乡镇过来。现在赶场的小商贩们大多数坐公交车过来，不像20世纪90年代以前多数靠坐船。因为现在松溉的客运船只有一艘，主要运载过来游玩的游客，而且除了河对岸江津石蟆镇的乡民坐船更方便些外，其他乡镇的走陆路要便利得多。

在而今商业高度内卷的时代，都是些什么人来赶场？带着这个问题，我赶了两回场。第一回是2022年5月3日，第二回是2022年6月3日。出乎我的意料，我看到了一幅老而不休的赶场人的群像。

商贩1　理发匠赵师傅，67岁，本镇人，赶场时长：50年。

我：“师傅，今天你几点出来赶场的？”

赵：“我5点多不到6点就出来了，我家就镇上的，不远。”

我：“你从什么时候开始赶场的？”

赵：“我们干这行以前是转乡，我16岁就开始转乡了。松溉街上这种场，我是20世纪90年代才开始摆摊的。因为这个时候才允许我们这些手艺人进来。”

我：“赶场和转乡相比，哪个赚得多？”

赵：“各有各的好，也各有各的不好。20世纪七八十年代没得现在的场这么多人，那个时候7天赶一场，都是一些农民挑担过来卖些菜和家禽。那个时候对我们这些手艺人限制比较多，因为街上有理发店，不允许我们随便在街上摆摊，所以我们不得不转乡。但是那个时候交通不方便，我们一天差不多要走十几千米路，比较辛苦。但是那个时候钱值钱，一天到手两三块钱，可以买块布做件衣裳了。不像现在，100块买不到啥子东西。”

我：“赶场一天现在能挣好多钱？”

赵：“挣不了好多，一天也就100来块钱。有的场小的，还挣不到100块。”

我：“那你剪头发现在好多钱？”

赵：“5块钱一个人。”

我：“你今天6点出来，现在不到10点30分，你剪了好多个人嘛？”

赵：“已经剪了20多个。”

我：“哇，师傅，你今天生意可以撒。那你给别个剪个头发需要好长时间？”

赵：“平均15分钟。”

我：“那你好久收摊？”

赵：“马上就收摊了，10点过去基本上就没得啥子人。生意撇点嘛，有时就11点左右。”

我：“你赶完场，下午干啥子呢？”

赵：“我都是工作半天耍半天，下午就到茶馆耍会儿小牌。”

我：“那你一个月能挣好多？刨开这些消费，还能剩好多？”

赵：“每个月能挣两三千。每个月能剩几百，一年能剩小一万。”

我：“你赶完松溉的场，下一场赶哪里的场？”

赵：“我主要赶松溉、朱沱和何埂的。松溉赶3、6、10；朱沱赶2、5、8；何埂赶1、4、7。10天差不多能休息一天，还没得你们上班的休息时间多。”

观察所得：松溉的场每次有五六个理发匠摆摊，这几个理发匠的年龄介乎60—75岁之间。每人一个上午平均服务的客户在20人左右，收入平均在100元左右，顾客大部分是赶场的摊贩。以每人平均半天剪20人计算，也即松溉一个场一个上午约100人接受理发。

商贩2　贩鸭人陈大爷，72岁，来自河对岸的石蟆镇，赶场时长：20年。

第二次赶场，我和学生彭涛于2022年端午节早上7点44分抵达松溉古镇。这个时候的场镇已是热闹非凡。擦肩而过的不少是背着背篓买完菜的人们。在菜园路沿街的餐馆前，我看到一个老人在吃面条，地上有一个能承重百斤的空背篓，背篓里有一顶草帽、一个杆秤。我判断，这应该是一个卖完了货的商贩，于是要了两碗稀饭和两个麻团在他旁边坐了下来，开始了摆条。

图6.3　贩鸭人——陈大爷

我："老人家，你卖的啥子啊？"

陈："鸭子。"

我："今天卖了好多鸭子嘛？"

陈："卖了4只。今天端午节，生意好，卖得快。平时卖得没这么快。"

我：“你今天是几点赶场的？”

陈：“大概六点半到松溉。今天天气不算好，有雾，船今天晚了半个小时才来。”

我：“你不是街上的啊，要坐船过来，你是对面江津的？这么远过来呀？”

陈：“是的。我是河对岸五间的。”

我：“你的鸭子怎么卖的？今天你卖了好多钱？”

陈：“一只鸭子3斤差不多50元一只。你可以算下4只鸭子能挣好多钱。”

我：“一个场挣200多块钱，那你每个月收入可以哦。”

陈：“不是这么说。我又不是天天有鸭子卖，鸭子是一批一批的，卖完了就没得了。我喂的鸭子吃的是粮食，长得慢，从鸭苗到喂大能卖要四五个月，一年也就赶两季。不像饲料鸡鸭，两个月就上市咯。”

我：“现在家里能卖的鸭子还有几只？”

陈：“还有6只。”

我：“那你一个月赶几个场啊？”

陈：“一个月赶八九个场。”

我：“你主要是赶哪几个场？”

陈：“我主要是赶松溉的和我们石蟆镇的。太远了就不想去咯。”

我：“你是从什么时候开始赶场的？”

陈：“我大概从2000年开始赶场。”

我：“那个时候你都50岁咯，为啥子年纪这么大了还要做生意？”

陈：“我以前是种庄稼的，卖谷子价格好低嘛。当时水稻价格100斤才能卖120元左右，一年我家也就余2000斤水稻左右，所以一年收入也才两三千元。年纪大了，也没得其他才能，不能出去找活路。所以就开始养些鸭子赶场来卖，这样手头才松活一点。”

我：“卖完了，下午干什么？”

陈：“等一下坐船回家和朋友们耍。”

观察所得：在老人吃面的过程当中，有些擦身而过的老人和他打招呼。这个细节让我意识到镇上居民与这些赶场摆摊的小商贩是一种熟人和朋友关系，这样的农村流动集市在某种程度上也是人们的交往舞台。

家禽类的摊贩基本上是来自附近农村的农民。家禽的品种主要是鸡、鸭、鹅和鸽子。他们在场镇上的摊位通常在黄桷树园圃转盘处。一般情况下，有十几个卖家禽的过来赶场。这部分人的收入多少跟是否为传统节日相关，逢节日和红白喜事宴席等机会，卖家禽的货物多能脱销，半天有两三百的收入。不理想的情况下，也有50—100元的进账。

商贩3 鸭绒商贩游大爷，88岁（1934年生人），来自何埂镇，赶场时长：70年。

游大爷是我们在场集中遇到的年龄最大的赶场摊贩。他在中华人民共和国成立前就是小商贩，他说他已经有超过70年的赶场历史。

我：“老人家，您是今天几点到的？”

游：“6点多就过来咯，坐何埂的首班车过来的。”

我：“您打算几点回去？”

游：“再过半个小时就回去了（约9点）。接着赶我们何埂的，我们何埂场子大，比松溉还热闹些。”

我：“您这个绒毛生意就你一家，生意好哦。”

游：“今年子生意撇，今天没收到几斤鸭毛。”

我：“您这个鸭毛怎么收的？”

游：“12块钱一斤。”

我：“您干这一行好长时间啦？”

图6.4 鸭绒商贩——游大爷

游:“干这行生意已二三十年咯。”

我:“您是怎么发现这个商业契机的?”

游:“最开始是供销社在收。后来供销社撤了,没人干这个,我觉得这个生意还可以,就做了。”

我:“那您收的绒毛,都卖给哪个?”

游:“有专门的人在收。我卖给外地的老板,他们又卖给那些绒毛加工厂,最后加工成被子卖到部队。”

我:“一斤绒毛能赚好多差价啊?”

游:“我12元一斤收,15元一斤卖给收购的老板。”

我:“今年生意和往年比怎么样?”

游:“10多年前生意好些。现在生意不好,鹅毛、鸭毛少。但今年价格还可以。以前几块钱都收过。”

我:“最多的时候您一天能收多少绒毛?”

游:“最好的时候一天收过二三十斤。像今天最多也就收个几斤,现在没得几个养鸭子的。我们这种小本生意赚不了好多钱。从何埂过来光车费都要5块咯。”

我：“那您主要是在街上收吗，还是下乡收?”

游：“主要在街上收，年纪大了不下乡。下乡多恼火啊，我都88咯。”

我：“哇！真看不出来您都将近90咯。您身体好，看来做生意能让人身强体健。那您年轻时候是干什么的?”

游：“我啥子都干过。解放前，我卖过小百货。针线、鞋子、肥皂、洗衣粉啊这些小东西我都卖过。”

我：“那您都赶哪几个场?”

游：“何埂附近的乡镇，譬如说松溉、五间、聚美这些场。”

我：“和我们讲讲那个时候的赶场嘛。”

游：“解放前，我们这些乡镇上的小百货商，到泸州这些大市场去取货。走50多千米路去泸州，整整走一天。拿完小百货商品回来，再走乡串寨去销售。当时松溉周边的场镇都去过。以前交通不方便，我一天要走二三十里路，天还没亮就开始走，走两三个小时才赶到隔壁乡。”

我：“解放前的生意好不好做?”

游：“还是可以。解放前，维持得了生活。具体多少，记不清了。那个时候的场子好多摊摊都摆在河道，盐巴、鸡鸭、米、酒、烟叶啊都在河道附近卖。要是赶上雨天，都是泥巴，不好走的。”

我：“解放后呢?”

游：“我干过的事情多，1958年我还到荣昌当过煤矿工人，1962年回家的。”

我：“您是镇上的还是农村的?”

游：“农村的。”

我：“那您家里几亩地?”

游：“我的地都承包出去了。五六百元一亩租给别人了。”

我："您好多孩子？"

游："两儿一女。"

我："孩子给您生活费吗？"

游："姑娘过年给点。两个儿子没钱的。"

我："那您有没得退休金？"

游："每年社保给我1500元，一个月才得到100多点的养老费。要不做生意，哪够钱花嘛。"

我："每个月能花多少？"

游："一个月五六百元左右。"

我："那您的鹅毛生意够生活开销吗？"

游："现在一个月刚好赚得到五六百元。但这两年疫情影响，有一段时间没出来，不出来就没得钱，就不够花。"

我："那您啥时候退休啊？"

游："做不动就不干了撒。趁现在身体还可以，多赚些钱。"

观察所得：收鹅毛、鸭毛这门生意是场集的独门生意。但这并不意味着这门独门生意就能比其他摊贩赚到更多的钱。老人是何埂镇人，在何埂、松溉、聚美几个镇也就他一个人在做这个生意，但每个月下来仅有五六百元的利润。独门生意仍然赚不了钱的主要原因是现在场镇的常住人口基本是老人，对鸡鸭的消费少了，自然就没有那么多鸡鸭毛可以收集。

我从这个88岁高龄的赶场小商贩身上看到的是部分农村老人不敢歇也歇不得的处境。从个体的生命张力而言，老人体现了中国农民吃苦耐劳的品质，展示了活到老干到老的形象；但从结构性来看这一问题，年近90岁仍需赶场来挣生活费说明目前的农村养老金不足以支撑老人日常的生活开销，农村老人养老问题需得到更为妥善的解决。

商贩4　卖草药的谭姓夫妇，60多岁，松溉近郊农民，赶场时长：10年。

端午这天，整条街的流动摊贩中最多的是卖中草药的。我粗略点了一下，至少有20家摊位在卖，大部分只卖艾草、夏枯草和金线莲中的两三样，有三四家的品种多达十几样。

图6.5　卖草药——谭姓夫妇

我特地挑了摊位最大的一家了解情况。这家草药摊是一对谭姓夫妇的场子。这对夫妇的中草药材的品种是场集里最丰富的，有金线莲、紫薯、皂角刺、益母草、虎杖等十几样产品。

我：“你们做这行多长时间了？”

谭：“十几二十年了。”

我：“你们以前是做什么的？”

谭：“种庄稼撒。”

我：“我以为你们从年轻的时候就开始卖中药材了。”

谭：“岁数大了，土地也承包给别人了，农村人不像城里人有工资，我们也要吃饭，需要找点活路。”

我："那你们今天赶完松溉，明天又赶哪个场？"

谭："明天赶江永，离松溉大约4千米路，后天又赶朱沱。"

我："哪个场生意最好？"

谭："朱沱。"

我："朱沱能卖多少钱？"

谭："那边场子大，能卖个两三百。"

我："松溉呢？"

谭："松溉卖得到一两百。"

我："哪个场生意最撇？"

谭："江永撇些，几十块钱我都卖过。"

我："何埂不去吗？"

谭："不去。远咯。"

我："像今天你们卖200多，利润能有多少？"

谭："卖好多赚好多。无本生意，都是山上挖的。"

我："你们是怎么认识这些中药材的？"

谭："我们农村人都晓得，这些东西我们从小就认识。"

我；"那你一天赚200多，可能是这条街赚最多的了。"

谭："晓不得，反正这个生意够我吃喝。我三个儿，我没找他们要过钱。我每个儿子工资都一万多。"

观察所得：中草药在乡镇场集中有一定的市场。便宜的如艾草叶，一把3块、5块，贵的如皂角刺，一两就要10元。这对夫妇这天早晨10点收摊时，已经卖了200多元。今天这场对于他们而言只是平均水平。当天场集共十几家中草药材摊贩（这天是端午节，卖艾草的摊贩是平时的几倍），以100—200元的收入计算，端午这天松溉场集草药摊的销售总额在1500—3000元。中草药材摊贩大多是半路出家，像谭氏夫妇是50岁后返乡的农民工。对于部分没有了土地但又闲不住的农村老人而言，到山上挖中草药拿到场集售卖是一个无须成本的挣钱途径。

商贩5　卖艾草的夫妇，名字不详，75岁，松溉镇居民，赶场时长：5年。

谭家中草药摊的隔壁也是一家卖草药的，是一对夫妇在摆。这对夫妇的摊卖的草药品种只有两样——艾草和夏枯草。从穿着打扮看，他们应该是镇上的居民。他手上的金表和金戒指让我对他的身份产生了好奇。

我："师傅，你是镇上的吗？"

老人："我就住在镇上。今天陪我老婆出来赶场。"

我："我看你的气质，不像出来赶场的人。"

老人："我是陪我老婆出来的。我有退休工资。"

我："你退休金有好多？"

老人："差一点点就有4000块钱。"

我："据我了解，街上的居民满60岁的一般社保是1500元左右，你哪个这么多呢？"

老人："我以前是荣昌煤矿的，我在四井工作，那个时候我们一口井1000多个工人。这个工作属于高危工种，所以工资和退休金要高些。像我们井以前的同事活到现在的没剩几个了。我今年75，算我们这个行业的高寿。"

我："你退休金那么多，够花的撒，哪个还出来摆摊？"

老人："主要是我爱人摆摊。她没得退休金的。"

这时他爱人接过了话：

老太："我们是街上居民，没有包产地。我家老公他是荣昌煤矿的工人，就靠他的工资。我就是每个月国家发的80块钱。反正平时没得啥子事情，就找些花花草草拿到街上卖，好挣点零花钱。"

我："像你这样的家庭，一个月花销多少钱？"

老太："一个月还是要花1000多元。我们还有个13岁的孙女，三个人吃饭的柴米油盐啊，水电费啊，七七八八要这么多。而且每年医疗保险要花360多元。"

我："那你摆摊摆了好多年？"

老太："摆摊有四五年了，我发现摆摊好耍得很。我喜欢街上这种热闹。"

我："你们的夏枯草怎么来的？"

老太："坡坡上找的。"

我："平时生意怎么样？"

老太："有的时候开不了张，有时十几、二十块。一个月挣得百十块钱。"

我："今天卖了好多？"

老太："赶了几年的场，今天是最高的，挣了180块钱，从来都没有过。昨天我去朱沱摆摊卖了把夏枯草，也挣有50块钱。去年一分钱都没得。"

和这对夫妇的聊天，打破了我对赶场商贩大多是因为缺钱才赶场的刻板化印象。事实上，赶场对于老人商贩群体而言有多重好处：不仅可以赚取生活费，还能证明自己在人生的余晖时刻可以自力更生；而且能认识一些新朋友和遇上不少老朋友们。大家在热闹的场集摆下龙门阵，不亦乐乎。

商贩6　卖刷子的王大娘，60多岁，松溉镇人，赶场时长：34年。

场集生意最惨淡的可能是卖刷子的王大娘。她是场集里唯一卖刷子的，让人印象深刻的是，她还自创了一首"卖刷子"之歌。"卖刷子咯，卖刷子咯"，她的嗓音清亮，但一整个上午她一个刷子也没卖出去。

与其他欣然接受访谈的商贩态度有点不同，她有些谨慎。简短的交流后，我了解到她从1988年就开始卖刷子了，那个时候她的娃5岁。这是个不幸的家庭，丈夫是残疾人，主要靠她挣钱养家。20世纪90年代卖刷子，她一天能卖掉十几个，勉强维持生活。随着洗衣机的普及，以及刷子这个东西是个耐磨品，过去10年她基本上一天都很难卖掉一个。常年的劳累使她自己的身体也落下了病，和丈夫两个人每个月的医药费就要五六百元，主要靠在外打工的孩子救济。因家庭条件不好，以至于现年39岁的儿子尚未结婚。时代变了，刷子不好卖为什么还要卖呢？我这样一个旁观者着实难以理解这个行为。她淡然回应："出来好耍，家里头闷得慌。"这个回答让我看到了场集对于当地人而言不仅仅是个商品交易的平台，更有心理慰藉的作用。王大娘坚持卖一个被时代淘汰的产品，表象是这个商贩太过固执，其实是一种自我救赎。在上百个赶场商贩群中留有存在感或是支撑她面对苦难的一种方式。

四　赶场的观察总结

赶了两回场集，最大的感受是这类农民自发集结的贸易市场，真自由，也真灵活。赶场的时间从五六点就开始了，11点左右差不多就空了。菜农是收摊最早的一批人，他们通常不到6点就开始摆摊，9点左右很多就收摊了。卖家禽的摊贩逢节日卖得特别快，但非节日场的话有时收摊了也还有摊贩没有卖完。最晚收摊的一批人是剃头匠和修鞋的。他们基本上等到没什么人的时候才开始收摊。至于那些开着三轮货车卖水果的摊贩们多数会摆全天，因为这个场子就在客运站旁边，游客和乘客是消费主体。

松溉的场，在约一两百米长的菜园路车站段的街道聚集着约五六十个商贩，三四个小时的集市流动人口两三千人，以每人消费30—50元计算，这个流动集市（不含隔壁的固定菜市场）的交易额在6000—15000元区间。下面我根据两次赶场的观察对赶场商贩们的情况做个总结。

一是赶场商贩们的类别及其收入。商贩卖的产品包括烟叶、铁器、蔬菜、榨油、家禽、水产、包子、卤味、水果、干货、五金、草药、书籍、刀具、衣服、凉席等十几个品种。其中，蔬菜、水果、中草药、家禽和理发匠是赶场的固定人群，他们占据整条街的七八成以上的摊位。不同类别的商贩日均收入不一样，而且同一产品类别的收入能相差几倍（如表6.1）。根据我的调查，在这五六十个流动商贩中，做得好的日均收入可达两三百元，最差的可能日收入零元，譬如那个卖刷子的王大娘。总体而言，蔬菜、家禽和手艺人的收入比较稳定，每次赶场的收入都差不多，没有很大起伏。

表6.1　松溉流动商贩们的主要类别及其平均收入

经营种类	人数	人数占比	收入
蔬菜	20—30人	约40%	50—100元
水果	10—20人	约20%	50—500元
中草药	4—5人	约10%	50—300元
家禽	5—10人	约12%	100—250元
理发匠	5人	约10%	80—150元
蜂蜜	1人	约2%	100—200元
榨油	1人	约2%	100—300元
衣服	2人	约4%	50—300元

二是商贩主体人群：老人是主体。无论是摆摊的摊贩还是消费者大多数是老人。六成商贩年龄超过60岁，在卖菜的和卖草药的群体中，多数人超过70岁。这些赶场的老人商贩群体相当一部分是五六十岁开始转行做买卖的。赶场做买卖的主观原因是需要钱——农村社保养老金太少不够花销；客观原因是年老体衰不适合干繁重的体力活了。而且现在大部分农村土地承包出去了，无地可种，所以，到场镇做点小本买卖是农村老人唯一的力所能及维持生计的方式。他们的谋生工具主要是这三样：一个大竹筐、一把杆秤和要卖的货物。他们卖的货物基本上来自地里和山上，无须成本。用电子秤的多是中年商贩们，他们主营水果、卤味、水产等商品。有时也有一些团体来赶场的，这些团体一般是卖保健品的、

做美容的。

三是转场的线路。为了多挣钱，商贩和手艺人们都会“转场”，也即今天赶松溉，明天赶隔壁乡镇的场，临近的何埂、聚美、朱沱等镇正好场期错开（图6.4），所以几乎天天有场可赶。松溉大部分流动商贩的常规转场路线是：松溉—何埂—朱沱三镇，何埂和朱沱均离松溉镇约10千米，每日有公交车可抵达，去二镇的单程车票是5元。生意日均在百元以上的商贩一般购买了三轮摩托车，方便赶场。交通工具虽然换成了二轮、三轮摩托或四轮公交车，但“现在时”的相互转场与昔日靠徒步走乡串巷的距离差不多，而且转场地点也差不多。

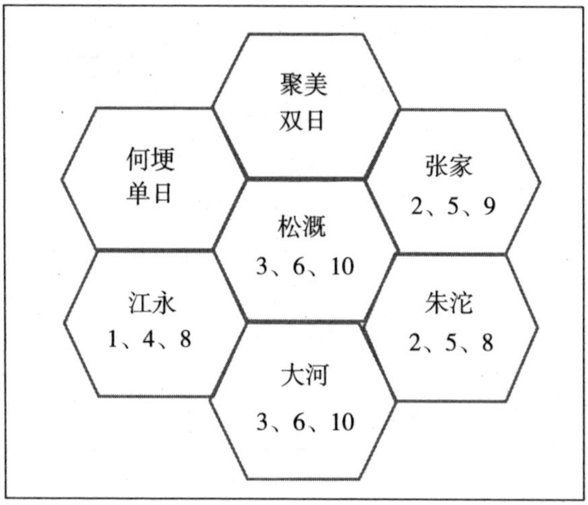

图6.6 各场场期

通过对这些场镇里活跃的老人商贩们的观察和访谈，让人真切感受到了这些成长于中华人民共和国经济最困难时代的“40后”、“50后”和“60后”们“过去时”和“现在时”劳碌的生活状态。他们借助场镇这个基层市场平台，通过贸易的方式为自己争取种庄稼以外的余资从而改善自身生活的努力，无意中也繁荣了场镇经济。现如今，场集不仅是乡土社会的贸易平台，亦是当地人们重要的情感纽带和社交舞台。而赶场——这种流行了几百年的乡土社会的贸易生活方式在城镇化狂飙的时代背景下增加了几分社会记忆价值。

附录 7：松溉的赶场景观（2022 年）

赶完场回家的老人

卖筲帚的小贩

卖刀具的摊档

卖菜的小贩

干货摊

茶摊全景

卖禽类的摊档

炸鸡摊档

卖衣服的摊档

卖凉菜的摊档

书摊

中草药摊

尾　话

纵观松溉古镇过去百年的变迁，除了松山、溉水这些亘古的地景，人文空间已时过境迁，物是人非。这个长江水码头小镇20世纪的变迁可以说是一个“盛极而衰”的历程。

一是在整体的空间角色和地位上，松溉自20世纪40年代失去了川东、黔北的交通枢纽和商品集散地的地位，从而导致繁荣的工商业场镇沦为了萧条的普通乡镇。二是在日常空间状态上，“白日千人拱手，入夜万盏明灯”的繁荣商贸小镇景观在20世纪50年代后消失，进入了长达四五十年的沉寂状态。三是在聚落空间上，随着现代公路的发展，特别是1976年永松公路的通车，导致空间结构呈现北衰西强的趋势，现时段人们的经贸活动主要集中在建设路、菜园路的现代街道两端。昔日繁华的“十里长街”北段的黄桷树街和半边街已被人们抛弃，南段则成了旅游景观区域。四是在人口结构上，1952年是一个转折点，传统社会秩序的阶层关系被颠覆。1952年“松溉事件”后导致相当部分中产阶层远走他乡，这是松溉人文景观变迁中最大的遗憾。毕竟，人才是一个空间活力的“源头活水”。

进入21世纪20年代的松溉，被政府和资本建构成了一个具有示范作用的旅游型乡镇，沉寂多年的千年古镇获得了新的发展机遇。但同时它不得不面对一个新的挑战，就是严峻的人口老龄化问题。据 2011 年的人口统计数据，松溉 65 岁以上的有 5112 人，占全镇人口的 23.4%。2011 年以来，松溉镇人口出生率为 6.2‰，人口死亡率为 7.2‰，人口自然增长率为-1.0‰。[①] 根据第七次全国人口普查的数据，截至 2020 年 11 月 1 日零时，松溉镇常住人口为 13999 人。

作为一名游客，在松溉古镇看到的风景中，一面是新的旅游型古镇，一面是容颜衰老的松溉老人。相比起诸多没有了原住民的古镇，松溉两幅景观在同一时空交汇，这让松溉不至于落入“无人”古镇的俗套。21 世纪的松溉正在服务型旅游小镇的转型路上，接下来的百年又将发生什么，留待千禧一代的年轻人来记录了。

---

① 中华人民共和国民政部编：《中华人民共和国政区大典·重庆市卷》，中国社会出版社 2015 年版，第 778—780 页。

附录 8：消失的风景线

（一）消失的挑夫

有码头的地方便有挑夫。在古镇“40 后”“50 后”“60 后”的群体中，大部分人都当过挑夫。据方大文回忆，20 世纪八九十年代，码头每天至少有几百名挑夫。这个场景而今看不到了。松溉上码头台坎连接水岸的是一段宽约 3 米的台阶（左图），据松溉的老人说 20 世纪八九十年代这里就是一条宽不到 1 米的土坡（右图），每天数以百计的挑夫从这段土坡上上下下往返数十趟。

现在的上码头梯坎

20 年前上码头的坡道

（二）最后的马帮

清光绪年间（1875—1908），松溉古镇已经成为长江上游商贸集散地，大足、荣昌、铜梁及泸州等地的货品大部分要通过松溉港口运出，如盐、糖、棉纱、布匹、烟叶、油料等，也要输入外来货物。在《近现代四川场镇经济志》中，松溉镇被列为当时四川的 30 个场镇之一。马帮是水路运输完成后最后一千米甚至几十千米的末端运输工具。在现代公路不通达的年代（1976 年永松公路通路以前），马帮是松溉不可或缺的重要运输力量。与松溉场镇的工商业发展历程相似，20 世纪二三十年代是松溉马帮最繁荣的年代，那时每日平均有近千匹骡马往返于码头和“十里长街”。鼎盛时期的松溉，马房有 20 多家。规模较大的马房有秦家宏源马房、杨家望江马房，可同时容纳 40 匹马、20 人入住。

随着现代交通基础设施的迅猛发展，松溉马帮极速衰退。20 世纪七八十年代，松溉长途马帮逐渐消失。1978 年，最后一家马房关闭。马帮退出历史舞台。

清末民初马帮穿街走巷场景

昔日马帮歇脚的马房

20 世纪八九十年代穿梭于农村的赶马人。由于重庆山村仍未铺硬化路面，当时的农村盖房所需的建筑材料仍需骡马运输

（图片来源：松溉马帮议事厅陈列馆）

鹏飞书院外墙的拴马槽

黄桷树街与观音阁街交界地在 20 世纪 70 年代时仍是规模较大的马房，现已成农田

卢贤才，松溉 20 世纪最后的养马人。他于 1993 年买了几匹骡马，主要为附近乡镇运输建筑材料。随着村村通公路出现后，拖拉机和卡车取代了骡马，他把马卖掉后，松溉再无骡马

（三）曾经的黄金水码头

中华人民共和国成立前的水码头

（图片来源：松溉马帮议事厅陈列馆）

现今的水码头

松溉曾是黄金水码头，清末民初是川东、黔北重要的商品集散地和交通中转枢纽。20 世纪三四十年代，从上码头到下码头几千米的水岸每天停靠着百余艘木船。航行路线上至合江、泸州，下至重庆，为往来客商运送棉纱、粮食、白酒等商品。20 世纪 50 年代，工商业处于休克状态，水码头繁荣不再，水上运输业迅速衰落。据统计，中华人民共和国成立前后松溉船民协会有船110只，总吨位1430吨。至1962年，松溉各单位木船只剩11艘，总吨位96.5吨，从业人员34人。20世纪80年代，松溉有民船12只，总吨位119吨，松溉水陆运输社的船共4只，总吨位238吨。[①] 至20世纪90年代后期，随着铁路和公路运输的发达和完善，松溉民用水上运输船只基本退出历史舞台。现如今，只剩徐家一户人家经营往返于对岸村镇与松溉的客运船。

① 《永川市松溉镇志》编纂委员会编纂：《永川市志·松溉镇志》，2010年版，第130页。

致　谢

本书的完成，首先要感谢彭天佑老先生和其他接受采访的松溉老人。他们是松溉最宝贵的记忆遗产持有者，若非他们毫无保留地将他们的记忆遗产放心地交予我记录，我很难触摸到这个已经形态大变的旅游小镇20世纪以来的变迁轨迹。其次，我要感谢我的两个学生——彭涛和陈桃，在我的田野过程中，他俩帮助完成了口述记录等工作。此外，我要感谢武汉工程大学的张琦同学在封面设计上给予的意见。

另外，我还要感谢我的两位老师，四川大学的徐新建教授和西南民族大学的格勒教授，感谢他们在学术道路上的指引。

最后我要感谢我的家人和朋友们。在长期的异地学习、工作过程中，他们始终是我最强有力的精神支柱。

注：本书图片除特别标注外，均为作者拍摄。